그렇게
말하면
못 알아듣습니다

NANKAI SETSUMEI SHITEMO TSUTAWARANAI WA NAZE OKORUNOKA?

NINCHI KAGAKU GA OSHIERU COMMUNICATION NO HONSHITSU TO
KAIKETSUSAKU
written by Mutsumi Imai.

내 뜻을 찰떡같이 전달하는 소통의 비밀

그렇게 말하면 못 알아 듣습니다

이마이 무쓰미
지음

이정현
옮김

와이즈베리
WISEBERRY

시작하며

인지과학이 알려주는 소통의 비밀

전하고 싶었던 메시지가 온전하게 전해지지 않은 경험을 누구나 한 번쯤 해봤을 것이다.

몇 번이나 설명해도 전해지지 않았다.

의뢰한 대로 일이 완성되지 않았다.

반드시 지켜야 한다고 강조했던 마감일이 지켜지지 않았다.

오해 때문에 일이 원활히 진행되지 않았다.

열심히 설명했지만 부하 직원 또는 자녀의 이해도가 나아지지 않는다.

중요한 약속을 잊어버려서 문제가 생기거나 다툼이 일어났다.

업무뿐만 아니라 가정이나 학교에서도 이런 고민은 끊이지 않는다.

이 책에서는 **우리가 의사소통을 하며 겪게 되는 어려움의 본질과 이를 해결하는 방법을 인지과학과 심리학적 관점에서 알아볼 것이다.**

인지과학이나 심리학에 관심이 있는 사람은 물론, 직장 상사나 부하 직원, 동료, 거래처 직원과 업무를 더 원활하게 진행하고 싶은 직장인, 교수법을 공부하고 연구하며 학생들을 마주하는 교사, 배우자나 자녀, 친척, 친구, 이웃과 더 좋은 관계를 맺고 싶은 사람, 또는 지금까지 '전달하는 법', '말하는 법', '설명하는 법'에 관련된 책을 읽어온 사람에게 새로운 관점과 사고방식, 실제적인 의사소통 방법을 제안하려고 한다.

🗨🗨잘못된 것은 '말하는 방식'이 아니라 '마음을 읽는 방식'

의사소통이라는 일상적으로 일어나는 일에 인지과학과 심리학적 관점이 왜 도움이 될까?

바로 우리가 평소에 '의사소통'이라고 쉽게 표현하는 이 행위가 사실은 다양한 인지 능력(언어를 이해하는 능력, 문맥을 파악하는 능력, 기억하는 능력, 상기하는 능력, 상상하는 능력 등)을 바탕으로 이뤄지기 때문이다.

상세한 설명은 1장에서 하겠지만, 의사소통은 '스키마'를 전제로 한다. 우리 머릿속에는 '당연하다'고 여기는 것이 있으며, 무엇을 당연하게 여기는지는 사람마다 다르다.

이 사실을 염두에 두면, 전하고 싶은 메시지가 온전하게 전해지지 않는 이유를 알 수 있다. 사람 사이 **소통이 어긋나는 이유는 당연하다고 여기는 것이 서로 다르다는 점을 극복하지 못해서이거나, 인지 능력을 제대로 발휘하지 못해서이다.**

천동설을 믿는 사람에게는 온갖 수단을 동원해 잘 설명한다고 해도 '움직이는 것은 우리가 딛고 있는 땅인 지구'라는 사실을 이해시키기 어렵다. '말하는 방식'을 바꾸는 것으로는 효과를 볼 수 없다. 손봐야 할 것은 바로 상대방의 '마음을 읽는 방식'이다.

이 책에서 제안하는 해결책은 '말하는 법을 연구하자', '표현법을 바꾸자', '이해해줄 때까지 몇 번이고 반복해서 설명하자' 같은 것이 아니다.

좋은 의사소통이 이뤄지기 위해서는 **'인간이 무엇을 어떻게 놓치며, 자신에게 유리한 쪽으로 해석하고, 오해하고, 잊어버리는가'를 알아야 한다.** 그리고 이와 같은 특성을 가진 인간이 **어떻게 해야 자신이 전하고 싶은 것을 제대로 전달할 수 있을지 고민하는 과정**이 필요하다.

이런 관점과 함께 소통의 달인들에게서 배운, 곧바로 시도해볼

그렇게 말하면 못 알아듣습니다

수 있는 여러 해결책도 소개할 것이다.

'몇 번을 설명해도 제대로 전해지지 않는다'고 고민하는 사람에게도, 의사소통 능력을 높여 비즈니스에서 뛰어난 성과를 얻고 싶은 사람에게도 이 책이 어떤 형태로든 도움이 되기를 바란다.

차례

1장

'설명을 잘하면 알아들을 것'이란 믿음은 착각일지도 모른다

많은 사람들이 '자신이 하는 이야기를 상대방이 당연히 알아들을 것'이라고 믿는다.

흥미롭기는 하지만 이해하기 힘든 일이 일어났을 때 우리는 사정을 잘 아는 사람에게 설명해달라고 요청하기도 하고, 설명을 들어도 이해가 안될 때는 더 자세히 알아보려고도 한다.

또는 누군가와 의견이 충돌하면 우선 대화로 풀어보려고 한다.

대부분의 사람들은 '자신이 잘 설명하면 상대방이 그 말의 의미를 알아줄 것이며, 인간은 그런 식으로 서로를 이해할 수 있다'고 믿는다. 회사에서 부하 직원, 특히 신입 사원이 지시받은 사항을 잘 이해하지 못할 때도 '좀 더 알기 쉽게 설명하면 무슨 말인지 이해할 것'이라고 기대한다.

하지만 이런 믿음에 반하는 예시는 얼마든지 떠올릴 수 있다.

먼저, 사용하는 언어가 다른 경우를 생각해보자. 일본어만 할 수 있는 사람과 영어만 할 수 있는 사람이 '서로 무슨 말을 하는지 이해할 수 있을 정도'로 의사소통을 할 수 있을까? 아무래도 '가능하다'고 보기는 어렵다. 같은 언어를 사용하는 사람들끼리도 사투리가 심한 사람과 표준어를 쓰는 사람이 대화한다면 서로가 하는 말을 못 알아듣는 게 당연하다고 여길 것이다.

세대가 다른 경우도 예로 들 수 있다. 젊은 사람들이 쓰는 최신 유행어를 중노년층이 이해하지 못한다는 이야기를 매체를 통해 자주 접할 수 있다. 나 역시 학생들과 대화를 하다 보면 내가 알던 단어가 같은 뜻으로 사용되고 있는 게 맞는지 의문이 들 때가 있다.

수준 높은 전문 지식을 바탕으로 한 이야기, 사실관계가 복잡하게 얽혀 있는 사건에 대한 이야기 역시 아무리 설명을 들어도 이해하기 어려울 수 있다.

이렇게 예외적인 경우는 논외로 하고, 지금 옆자리에 앉아 있는 직장 상사, 부하 직원, 동료나 거래처 직원, 또는 당신의 가족이나 친척, 친구와 일상적인 대화를 하는 상황을 떠올려보면 어떤가?

기본적으로 누구나 '내가 잘 이야기하면 상대방이 알아들을 것이다', 적어도 '그 전보다는 더욱 이해하게 될 것이다'라고 믿기 때

그렇게 말하면 못 알아듣습니다

문에 상대방이 자신의 말을 이해하지 못하면 알기 쉽게 설명하려고 든다.

회사에서는 '상사에게 보고·연락·의논하는 것'이 중요하다고 신입 사원에게 가르치는데, 여기에도 잘 이야기하면 알아들을 것이라는 생각이 전제로 깔려 있다.

말하는 방식이나 표현법을 주제로 한 도서가 직장인들에게 인기를 끄는 이유도 잘 이야기하면 알아들을 것이라는 믿음이 있기 때문이다.

그런데 정말 그럴까?

서로가 하는 말을 정확하게 알아듣는 것이 가능할까?

자신의 생각이 상대방에게 제대로 전해지지 않는다면, 설명하는 방식이나 표현법에 문제가 있는 것이니 그 부분만 고치면 해결될까?

이 책에서 다루고자 하는 주제가 바로 이것이다. 전하고 싶은 말이 올바르게 전해지지 않는 이유는 표현 방식이 잘못됐거나 설명이 부족하기 때문만은 아니다. 말하는 방식을 고민하고 훈련하는 것 이상으로, 사람들과 대화할 때 중요시해야 하는 부분이 있을지도 모른다.

그렇다면 과연 무엇을 고려해야 하는 걸까?

어쩌면 우리는 주고받는 말의 힘을 과하게 믿고 있는 건 아닐까.

이메일, 채팅, SNS 등 의사소통을 하기 위한 다양한 도구가 개발되고, AI와도 언어를 통해 소통할 수 있게 된 지금 '자신의 생각을 상대방에게 전한다'는 것이 어떤 의미인지 생각해봐야 한다.

🗨️'잘 말해도 딴소리가 되는' 일상의 상황들

나는 주로 아동을 대상으로 하는 연구를 진행하기 때문에, 잘 설명해도 상대방에게 전해지지 않는 상황을 자주 접한다.

초등학교 수업 시간이 대표적인 예다. 교사는 열심히 수업 준비를 해서 학생들이 이해하기 쉽게 가르치려고 한다. 하지만 온전히 이해하는 학생은 학급의 절반 정도에 불과하다. 나머지 학생들은 선생님의 설명을 그저 듣기만 할 뿐 제대로 이해하지 못하는 것이 현실이다.

그렇다 보니 교사들은 '이렇게까지 쉽게 설명하는데 왜 아이들이 이해하지 못할까?' 하는 고민에 빠진다.

이는 비단 학생들에게서만 일어나는 문제가 아니다.

직장에서 상사에게 업무 보고를 하는 상황을 상상해보자. 심각한 문제가 발생하거나 급한 일이 생겨서가 아니라 일상적인 업무 보고였다. 당신이 생각하기에는 과하지도 부족하지도 않게 적절히 설명한 것 같았다.

며칠 후, 상사가 당신이 보고한 내용을 다른 사람에게 이야기하는 모습을 보게 됐다. 그런데 당신이 보고한 것과는 뉘앙스가 달랐다. 우연히 일어난 일이 마치 누군가의 잘못 때문인 것처럼 돼 있었다. 그대로 두면 안 되겠다 싶어서 다시 한번 정확하게 설명하려고 했지만 "그 이야긴 전에 했잖아. 더 할 것 없어"라며 거절당하고 말았다.

이렇듯 '왠지 내 생각이 제대로 전해지지 않은 것 같은 느낌'이 드는 경우에는, 큰 의미 없는 잡담이었더라도 '○○씨가 불평을 늘어놨다'거나 '○○씨는 불만이 있는 것처럼 보였다'는 등 듣는 사람의 생각이 더해져 인간관계 문제로 발전하기도 한다.

더욱 전형적인 예가 가족 사이의 대화다.

"오늘까지 ○○을 준비해달라고 했잖아요!"라고 자녀가 우기는 상황.

부모는 "그런 말 들은 적 없어! 왜 미리 말하지 않은 거야?"라고 하며 급하게 준비한다.

물론 자녀가 실제로 말하지 않았을 가능성도 있지만, 사실은 말을 했음에도 부모에게 제대로 전달되지 않은 것일 수 있다.

이런 경우 누가 잘못한 것일까? 상대방에게 잘 전달되도록 말하지 않은 사람의 잘못일까? 만약 제대로 설명했다면 상대방은 올바로 이해할 수 있었을까?

'이야기하면 알아듣는다'는 것은 들은 내용을 그대로 머릿속에 넣는다는 뜻이 아니다.

그렇게 말하면 못 알아듣습니다

어쩌면 누군가에게 자신의 생각을 전하려고 할 때, 생각한 그대로 상대방에게 공유되는 경우가 더 예외적인 상황일 수 있다.

우리는 상대방이 이야기한 내용을 그대로 머릿속에 입력하는 것이 아니기 때문이다.

제대로 이해한 듯 보이는 사람도, 자기 나름대로 해석하고 있거나 오해하고 곡해할 가능성이 있다. 무의식적으로 '그런 얘기는 듣고 싶지 않아'라며 거부하는 경우가 있는가 하면, 의식적으로 듣지 않으려고 하기도 한다. 듣기는 해도 전혀 이해하지 못할 수도 있고, '귀찮으니까 그냥 넘어가자'라는 태도를 보일 수도 있다.

사실은 이해하지 못했으면서 이해한 양 구는 경우도 있을 것이다. 또는 들어놓고 금방 잊어버릴 가능성도 있다.

2024년 1월 2일, 일본의 하네다 공항에서는 대형 사고가 발생했다. 착륙한 일본항공 516편과 이륙을 위해 대기 중이던 해상보안청의 항공기(해보기) JA722A가 충돌하며 큰 화재가 일어났고 JA722A에 타고 있던 5명이 목숨을 잃고 말았다.

이 사고가 일어나기 직전에 관제탑과 JA722A가 나눈 대화 내용은 다음과 같이 녹음돼 있었다(실제 대화는 영어로 이뤄졌다).

해보기: 타워(=관제탑), JA722A. C 유도로 위입니다.

관제탑: JA722A, 도쿄타워(=관제탑). 안녕하세요. 넘버원 C5

위의 활주로 정지 위치까지 지상 주행 하세요.

해보기: 활주로 정지 위치 C5로 갑니다. 넘버원. 감사합니다.

대화에서는 분명히 양측 모두 이해한 것처럼 보인다. 하지만 실제로는 관제탑이 '정지 위치까지' 주행하라고 지시했는데, JA722A가 정지 위치를 넘어서 활주로까지 진입하는 바람에 일본항공 516편과 충돌하고 말았다. 이는 '넘버원'이라는 단어를 서로 다르게 해석했기 때문에 벌어진 일이다. 관제탑이 '활주로에 진입하는 순서가 넘버원'이라는 뜻으로 한 말을, JA722A에서는 '이륙 순서가 넘버원'이라고 받아들여서 활주로에 진입한 것으로 추측된다. 이는 언어의 본질적인 특징을 잘 보여주는 예다.

언어는 말하는 사람이 의도하는 바를 그대로 표현할 수 있는 것이 아니라, 언제나 듣는 쪽에 의해 해석되고, 그렇게 해석되고 나서야 비로소 의미 있는 것으로 전달된다. 그렇다 보니 말하는 사람이 담은 의미와 듣는 사람의 해석이 크게 엇갈리기도 한다.

게다가 **의미와 해석이 일치하는지 아닌지는 말하는 쪽과 듣는 쪽 모두 알지 못한다**는 것 역시 문제다.

인간은 단순히 '듣는다고 이해하는' 존재가 아니다. 이 사실이야말로 의사소통에서 어려움을 느끼는 사람들이 쉽게 간과해버리는 '전제'다. 의사소통이나 인간관계는 이 전제를 무시하고는 성립되지 않는다.

그렇게 말하면 못 알아듣습니다

- 상세히 설명한다고 상대방이 100% 이해하는 것은 아니다.
- 같은 것을 보거나 듣는다고 모든 사람이 똑같이 이해하는 것은 아니다.
- '들었다'와 '이해했다', '알았다'는 근본적으로 다른 개념이므로 '들었지만 이해를 하지 못하는 경우'도 종종 발생할 수 있다.

이 전제를 잊는다면 타인과 소통을 하다가 화가 나기도 하고, 말하는 사람의 의도가 제대로 전해지지 않아서 실수나 문제가 발생하기도 하며, 자신감을 잃기도 한다.

반대로 생각하면, 이를 신경 씀으로써 의사소통 과정에서 겪기 쉬운 문제를 근본적으로 개선할 수도 있을 것이다. 또한 누군가의 이야기를 들을 때 '아, 알겠어 알겠어', '그러니까 ○○이라는 뜻이지?'라는 생각이 떠오른다면, 그게 얼마나 위험한 생각인지도 깨닫게 될 것이다.

'이야기하면 알아듣는다'는 게 어떤 의미일까?

'이야기하면 알아듣는다'고 할 때, 우리는 무엇을 통해서 그 말을 이해하는 것일까?

상대방이 하는 이야기를 이해하는 과정을 단계별로 나눠 표현하면 다음과 같다.

① 상대방이 생각하는 것이
② 언어를 통해 나에게 전달되고
③ 내가 이해한다.

그렇게 말하면 못 알아듣습니다

여기서 문제는 각자의 머릿속을 있는 그대로 보여주거나 공유하는 것은 불가능하다는 점이다. 이는 단순히 '언어를 통해서는 모든 정보를 빠짐없이 전달할 수 없다'는 뜻이 아니다.

말을 하는 사람과 듣는 사람은 '지식의 틀'과 '사고의 틀'이 모두 다르기 때문에, 가령 정보를 빠짐없이 전부 전달했다고 해도 머릿속을 공유할 수는 없다는 뜻이다.

예를 들어 '고양이'라는 단어를 들었을 때 '자신이 키우고 있는 고양이'를 떠올리는 사람이 있는가 하면, '헬로 키티'나 〈톰과 제리〉에 등장하는 '톰' 같은 캐릭터를 떠올리는 사람도 있을 것이다. 고양이가 할퀴는 바람에 상처를 입은 적이 있어서 고양이는 '사납다'는 인상을 가진 사람도 있고, 인형처럼 '귀엽다'고 생각하는 사람도 있을 것이다. '부드럽다'는 이미지를 떠올리는 사람도 있고, '불결하다'는 사람도 있을 수 있다.

이렇듯 각자 다른 지식의 틀과 사고의 틀을 가지고 있기 때문에, 고양이라는 명사 하나를 들었을 때 머릿속에서 무의식적으로 떠오르는 것이 전혀 다를 가능성이 높다.

머릿속에서 그려지는 이미지를 타인과 공유하는 것은 어려운 일이다. 만약 타인이 완전히 다른 이미지를 그리고 있다는 사실을 알더라도, 그 이미지가 무엇인지 분명하게 이해하는 것 역시 불가능하다.

「 고양이 」

하나의 단어를 듣고 떠올리는 이미지는 사람마다 다르다.

그렇게 말하면 못 알아듣습니다

우리는 각기 다른
생각의 틀로 사고한다

'지식의 틀'과 '사고의 틀'이 완벽하게 일치한다면, 한쪽이 이야기한 내용을 다른 한쪽이 쉽게 이해할 수 있겠지만 현실에서 이런 일은 거의 일어나지 않는다.

사람마다 교육, 경험, 성장 환경이 다르며, 가령 똑같은 환경에서 자랐다고 하더라도 각자의 흥미나 관심사에 따라 형성되는 '틀'이 달라지기 때문이다.

이런 틀을 인지심리학에서는 '**스키마**'라고 부른다.

스키마는 우리가 상대방이 하는 말을 이해할 때, 즉 무언가를 생각할 때 뒤에서 작동하는 기본적인 '시스템'을 가리키며 뇌의 백그라운드에서 늘 작동하고 있다.

스키마의 존재는 외국어를 예로 들면 이해하기 쉽다. 대부분의 경우 언어마다 단어가 가지는 의미 체계가 다르기 때문이다.

언어마다 체계가 다르더라도 새로운 언어를 배우는 학습자는 이미 잘 알고 일상적으로 사용하는 언어(이른바 모국어)에 대입해 새로운 언어를 이해하는 수밖에 없다.

일본인이 영어를 배우는 경우를 예로 들어보자. 대부분의 사람들이 영어 공부를 할 때 'wear-입다(着る)'처럼 영어 단어와 이에

'사고의 틀=스키마'는 사람마다 다르다.

그렇게 말하면 못 알아듣습니다

해당하는 일본어를 짝지어서 외울 것이다.

하지만 실제로 'wear'라는 단어는 일본어의 '입다'와 완전히 같은 의미가 아니다. 바지, 목도리, 장갑, 안경을 착용하거나 화장을 하는 것도 영어로는 모두 'wear'라고 표현하지만, 일본어에서는 한국어에서처럼 각각 '입다, 두르다, 끼다, 쓰다, 하다'라는 동사를 사용한다.

각 언어에서 어떤 단어가 의미하는 범위가 다르다는 것은, 스키마의 차이를 잘 보여주는 예이자 외국어 학습을 어렵게 하는 요소이기도 하다.

나는 이전에 일본의 국립대학교 학생들을 대상으로 바지, 목도리, 장갑, 안경, 화장에 대해서 표현할 때 'wear'라는 표현을 사용하는지 질문하고 ○, ×로 답하는 조사를 시행한 적이 있다. 그 결과 일본어로 '입다'라고 표현하는 경우에는 ○, 일본어로 다른 표현을 사용하는 경우에는 ×라고 답하는 경향이 두드러지게 나타났다.

실제로는 'wear'와 '입다'가 표현하는 범위가 다른데도 그 사실을 알아차리지 못하는 것이다.

다만, 일본어의 '입다'가 'wear'보다 좁은 범위를 의미하는 것은 아니다. 일본어에서는 '입다'라고 표현하지만 영어로는 'wear'라고 쓰지 않는 경우도 있기 때문이다. 바로 동작을 나타낼 때다.

쓰다

걸치다

끼다

입다

wear

put on

wear

입다

'입다'와 'wear'는 사용할 수 있는 범위가 다르다.

그렇게 말하면 못 알아듣습니다

영어에서는 '옷을 입고 있는 상태'를 나타낼 때 'wear'를 쓰고, '옷을 입는 동작'은 'put on'이라고 표현한다. 상태와 동작을 분명하게 구분하는 것으로, 어린아이들도 잘못 쓰는 일이 거의 없다.

그렇기 때문에 눈앞에 아무것도 입지 않은 사람이 있어서 뭐라도 입기를 원한다면 'Put on your clothes!'라고 말하지, 'Wear your clothes!'라고 하지 않는다.

한편 일본어의 '입다'는 상태와 동작을 구분하지 않으므로, '지금 당장 옷을 입어!'라고 말할 때는 'put on'이라는 의미로 '입다'를 사용하고, '저 사람이 입고 있는 옷'이라고 말할 때는 'wear'라는 의미로 '입다'를 사용한다.

우리는 스스로 의식하지 못하는 사이에 모국어의 스키마를 통해 대상을 이해하고 있으므로, 외국어를 학습할 때 그 언어의 스키마를 통째로 배우지 않으면 외국어를 자연스럽게 구사하기 힘들다. **일본어 문장을 적고 각 단어에 해당하는 영어 단어를 사전에서 찾아도 자연스러운 영어 문장을 만들 수는 없다.** 참고로 외국어를 학습할 때 스키마의 차이와 이를 극복하는 방법을 알고 싶다면, 내가 쓴 책인 《혼자 하는 영어 공부》(2022)를 읽어보기 바란다.

💬💬'이해한 것 같은 느낌'이 늘 옳은 건 아니다

지금까지 언어를 예로 들었지만, 우리는 언어 외에도 다양한 대상에 스키마를 가지고 있으며 이를 당연하다고 여긴다. 바꿔 말하면 '알았다', '이해했다'는 것은 어디까지나 그 사람의 스키마를 통해 얻은 결과다.

당신이 의도한 대로 전해지고 있는지, 상대방이 올바르게 이해하고 있는지는 사실 당신과는 상관없는 곳에서 결정된다고 봐도 무방하다. 상대방이 당신이 한 말을 이해했는지는 그 사람이 어떤 스키마를 가지고 당신의 이야기를 들었는가에 크게 의존하기 때문이다.

'잘 설명해도 상대방이 알아듣지 못하는 건 표현 방식의 문제가 아니다', '자신의 의도가 상대방에게 전해지지 않는 건 전달 방식의 문제가 아니다'라고 말하는 것은 바로 이런 이유에서다.

따라서 상대방이 이해한 듯한 태도를 보여도 곧이곧대로 받아들여서는 안 된다.

당신이 기대한 대로 상대방이 이해하고 있는지는 확실하지 않기 때문이다. 상대방은 자신의 스키마에 따라서 독자적으로 해석하고 있을 가능성이 크다.

반대로, 자신이 상대방의 말을 다 이해한 것처럼 느껴질 때도 주의해야 한다. 정말로 당신은 상대방이 의도한 그대로 이해하고 있을까?

인간은 누구나 자신만의 지식의 틀인 스키마를 가지고 있다. 즉 자기만의 논리가 있다는 뜻이다. 타인의 이야기는 모두 스키마라는 필터를 거쳐서 이해된다. 그런 의미에서 스키마는 '믿음의 집합체'이기도 하다.

상대방에게 올바르게 이해받는 것은 그 사람이 가진 믿음의 집합체와 대립하는 것이다. 또한 상대방을 올바르게 이해하는 것은 자신이 가진 믿음의 집합체를 알아차리는 것이기도 하다. 이게 얼마나 어려운 일인지는 상상하기 어렵지 않을 것이다.

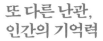

또 다른 난관, 인간의 기억력

상대방이 운 좋게 당신과 같은 스키마를 가지고 있어서, 당신이 하는 이야기를 당신이 의도한 대로 이해할 수 있다고 가정해보자. 하지만 '이야기하면 알아듣는 것'에는 또 다른 어려움이 이어진다.

강연을 듣고 크게 감명받았던 경험을 떠올려보자. 그때 들었던 이야기의 상세한 내용을 한 달 후, 1년 후에도 기억할 수 있었는가? 이는 매우 어려운 일이다. 나 또한 그렇다. '감동적이었다', '좋은 이야기였다'는 것은 기억해도 상세한 내용까지는 애석하게도 기억이 나지 않는다.

그렇게 말하면 못 알아듣습니다

참고로 강연 내용을 분명하게 기억하는 방법이 없는 것은 아니다. 강연을 자기 나름대로 '재구성'함으로써 망각에 제동을 걸 수는 있다. 자세한 방법은 2장에서 소개하겠다.

아이들의 공부도 마찬가지다. 1년 전 또는 2년 전에 배웠던 평면 도형에 대한 지식을 바탕으로 입체 도형을 학습한다고 해보자. 입체 도형을 배우는 시기에 평면 도형에 대한 기본 지식을 까맣게 잊고 있는 아이들이 꽤 많을 텐데, 이는 어쩔 수 없는 일이다.

한편 선생님은 (수업 초반에 평면 도형에 대해 잠깐 짚고 넘어가는 경우도 있겠지만) 학생들이 기억하고 있을 것이라는 전제하에 입체 도형 수업을 시작한다. 수업 준비는 충실히 돼 있더라도 '인간은 망각한다'는 인식이 약한 상태이기 때문에 이를 충분히 고려하지 못하고, 결국 수업에 뒤처져 좌절하는 학생이 하나둘 나오게 된다.

이처럼 '인간은 망각한다'는 전제가 문제인 것이다.

💬 말한 사람은 기억하지만, 들은 사람은 잊어버린다

기억하는지 기억하지 않는지는 정보를 접하는 방식과 크게 상관이 있다. 강연자나 학교 선생님처럼 말을 한 사람은 분명히 기억하지만, 들은 사람은 잊어버리고 만다.

또는 정보의 종류에 따라 말한 쪽은 잊어버려도 들은 쪽은 기억하는 경우도 있다.

이런 차이가 생기는 이유는 **말하는 쪽과 듣는 쪽에게 정보의 중요도가 다르기 때문**이다.

앞선 예시에서 선생님은 평면 도형을 가르쳤다는 사실을 기억하고 있었다. 모든 학생들을 이해시켜야 한다는 사명감이 있다 보니 선생님에게는 평면 도형의 중요도가 높아서 가르친 기억이 확실히 남아 있는 것이다.

그렇다면 학생들 중 그 단원을 배우기 전부터 '평면 도형에 대해서 꼭 알고 싶어'라고 생각하는 아이들이 얼마나 될까? 아마 대부분의 학생들이 어느 날 갑자기 선생님에게 "오늘부터 평면 도형에 대해 배우겠습니다"라는 말을 듣고 나서 삼각형이나 사각형 설명을 들을 것이다. 그러다 보면 평면 도형에 흥미를 느끼게 되는 학생도 있고 재미를 못 느끼는 학생도 있을 것이다.

평면 도형이 뭔지 모르는 상태라면 처음에는 평면 도형에 대한 중요도가 낮을 가능성이 높다. 무언가를 기억하고 활용하겠다는 강한 의지가 없는 이상, 배우기는 해도 좀처럼 기억에 남지 않는다. 자신에게 중요하지 않은 것이 기억에 안 남는 것은 당연하다.

반면 말한 사람은 잊어버리지만 들은 사람은 기억하는 경우의 예로, 갑질이나 성희롱처럼 최근 문제가 되고 있는 다양한 종류의

그렇게 말하면 못 알아듣습니다

괴롭힘을 들 수 있다.

괴롭힘은 대부분 말한 쪽에게 특별한 악의가 없다는 점이 문제다. 그래서 말한 사람은 자신이 그 발언을 했다는 사실조차 기억하지 못한다.

한편 들은 사람은 불쾌감을 느끼거나 상처를 입을 뿐만 아니라, 잊고 싶어도 잊지 못하는 지경에 이르기도 한다. 이 현상도 같은 정보를 두고, 양쪽이 생각하는 중요도의 차이에서 비롯된다.

우리는 평소에 스키마라는 자신만의 필터를 통해 세상을 보고 지식이나 정보를 얻는다.

세상의 모든 것을 직접 보고 흡수하는 건 불가능하므로, 우리는 자신에게 필요한 것, 흥미가 있는 것만을 무의식중에 우선적으로 받아들인다. 게다가 중요도가 낮은 정보까지 기억할 만큼 뇌의 기억 용량이 충분한 것도 아니다(기억 용량에 대해서는 2장에서 자세히 설명하겠다).

그렇다 보니 선생님이 아무리 열심히 설명해도 듣고 있는 학생들의 스키마에 받아들일 준비가 돼 있지 않다면 전해지지 않는다. 또한 괴롭힘을 당한 사람이 고통을 호소해도 괴롭힌 사람에게 '괴롭힘'에 대한 스키마가 없다면 상대방의 이야기를 흘려듣거나 '자의식 과잉'이라고 대응하기 쉽다.

같은 정보라도 각자가 느끼는 중요도에 따라서 받아들이는 방식과 기억의
유무에 차이가 생긴다.

그렇게 말하면 못 알아듣습니다

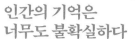

인간의 기억은
너무도 불확실하다

상대방이 말하는 것을 다 이해하고 기억하는 것 같아도, 머릿속에 남아 있는 기억이 '사실'이라고 단언할 수는 없다.

인간의 기억은 우리가 상상하는 것 이상으로 취약하다. 관찰하거나 복창하거나 베껴 쓰는 것만으로는 기억에 거의 남지 않는다. 주의를 기울이지 않은 상태로 무언가를 보거나 읽거나 들으면 대체로 그것을 잘못 기억하는 사태로 이어진다.

지금부터 이에 대해 밝혀냈던 캘리포니아대학교 엘리자베스 로프터스 교수의 실험을 소개하겠다.

실험은 평소에 학생들이 수업을 받는 대학교 강의실에서 이뤄졌다. 그날 학생들은 여느 때처럼 강의실에 모여 로프터스 교수의 강의를 듣고 있었다.

그런데 뒤쪽 자리에 앉아 있던 남성이 천천히 일어나 몇 줄 앞에 앉아 있던 여학생의 가방을 낚아채고 교실 밖으로 도주했다. 그 남성이 자리에서 일어나 완전히 모습을 감추기까지 걸린 시간은 불과 몇 초에 지나지 않았다.

가방을 도둑맞은 여학생을 포함해 누구도 가방을 되찾아 오거나 남성을 잡지 못했을 뿐만 아니라, 꼼짝달싹하지도 못했다.

❞❞갑작스러운 중대 사건은 기억에 얼마나 남을까?

로프터스 교수는 가방을 도둑맞아서 놀란 여학생과 그 주변의 학생들에게 질문했다.

> **교수:** 무슨 일이 일어났나요?
> **여학생:** 가방을 도둑맞았어요. 주의 깊게 보지 않아서 아무것도 기억나지 않습니다. 짧은 머리의 남자가 가방을 가지고 도망쳤다는 것밖에 생각이 안 나요.

이어서 여학생 주변에 앉아 있었던 학생 A를 시작으로 하나둘 자신이 본 것을 이야기했다.

> **학생 A:** 갈색 재킷을 입은 남자였습니다.
>
> **학생 B:** 빨간색 재킷이었던 것 같은데.
>
> **학생 C:** 짧은 갈색 머리카락. 20대 남자로 보였습니다.
>
> **학생 D:** 나도 20대였던 걸로 기억해. 머리카락은 회색이었던 것 같은데. 확실한 건 아니지만….
>
> **학생 E:** 검은색 바지에 갈색 재킷을 입은 남자였어.
>
> **학생 F:** 키가 크고 짧은 머리, 그리고 수염이 있었던 듯해. 나는 전신보다 얼굴이 기억나. 안경을 쓰고 있었던 것 같기도 해.
>
> **학생 A:** 그러고 보니 수염이 있었던 것 같아. 너희들 이야기를 들으니까 기억났어. 수염이 있었어.
>
> **학생 D:** 깔끔하게 정리된 수염이었어. 전체가 아니라 앞부분만.

범인의 대략적인 인상착의를 파악하자, 로프터스 교수는 3명의 용의자를 교실로 데려왔다. 용의자들은 바지와 갈색 재킷을 입었고 수염이 있었으며 키는 비슷했다.

> **학생 A:** 3번이 범인인 것 같아요. 3번과 같은 수염이었어요.

3번 용의자가 범인이라는 데 의견이 모이는 가운데, 가방을 도둑맞은 당사자인 여학생이 "2번인 것 같아요"라고 말했다. 2번이

갑자기 발생한 사건의 범인을 얼마나 정확하게 기억하고 있을까?

그렇게 말하면 못 알아듣습니다

냐, 3번이냐로 논쟁이 이어졌고 교실에는 또 한 남성이 들어왔다. 키가 작고 수염이 없는 남성이었다.

여학생: 저 사람이에요! 보자마자 기억이 떠올랐어요!

그렇다. 처음 교실에 들어온 수염이 있는 세 남성은 가방을 훔친 사람이 아니었다. 범인에게 수염은 없었다.

💬💬 의도치 않게 곳곳에서 일어나는 '기억 조작'

학생들은 모두 범인의 옆얼굴이나 뒷모습을 봤다. 그리고 각자 자신이 본 사람을 묘사하기 시작하자, 어떤 학생(여기서는 학생 F) 이 자신 있게 '수염이 있었다'고 증언했다.

그런데 학생 F의 정체는 로프터스 교수에게 실험에 대한 설명을 들은 후 어떻게 증언할지 지시를 받은 조력자였다.

실험의 조력자였던 학생이 수염이 있었다고 증언하자, 곧바로 학생 A(조력자가 아님)가 동조하며 수염이 있었다고 발언했다.

이를 계기로 강의실에 있던 모든 학생들에게 '수염이 있는 남성' 이라는 이미지가 퍼졌다. 가방을 도둑맞은 여학생은 범인을 아주 가까이에서 봤는데도 불구하고 전체 학생들의 대화에 휩쓸려 '범

'기억 속의 범인'은 전혀 다른 사람?!

그렇게 말하면 못 알아듣습니다

인에게 수염이 있다'고 믿고 말았다.

조력자 한 사람이 제시한 거짓 정보인 수염을, 여러 학생이 나도 봤다며 이야기하기 시작하고, 결국 그 정보를 바탕으로 용의자가 좁혀졌다. 즉 한 사람의 발언 때문에 모든 학생들에게 기억 조작이 일어난 것이다.

참고로 조력자에게 곧바로 동의했던 학생 A는 범인이 밝혀진 후에도 "그 남자는 교실에 다시 들어오기 전에 수염을 민 거야! 가방을 훔쳐서 달아나던 때는 분명 수염이 있었을 텐데…"라고 말할 정도였다.

만약 진짜 범인이 여학생 앞에 나타나지 않았다면 어땠을까? 2번이나 3번 남성이 범인으로 지목됐을 것이다.

피해자와 목격자 모두 '수염이 있고 키가 큰 남성이 범인'이라고 증언했으므로 그 조건에 맞는 남성 중에서 범인을 찾으려고 했을 것이기 때문이다.

로프터스 교수는 '기억이란 물이 가득 담긴 그릇에 떨어뜨린 우유 한 방울과 같다'고 표현했다. 일단 섞이면 두 번 다시 물과 우유를 분리할 수 없듯이, 한번 머릿속에 남겨진 기억도 그것이 사실인지 상상인지 거짓인지 구분할 수 없다는 뜻이다.

설령 당신에게 거짓말을 할 생각이 없었더라도, 당신의 기억은 누군가의 발언이나 자신의 바람, 감정, 스키마에 영향을 받기 마련이고, 어느새 당신 입장에서의 '사실'이 만들어지는 것이다.

🔻🔻기억은 간단히 왜곡된다

로프터스 교수는 기억이 얼마나 믿을 만하지 못한 것인지 또 하나의 사례를 통해 보여줬는데, 그것은 실험이 아니라 실제 사건이었다.

한 여성이 어둠 속에서 성폭행을 당했고 어떤 남성이 용의자로 체포됐다. 피해 여성이 용의자 남성을 범인으로 지목하며 강력하게 주장한 결과 유죄가 확정됐다.

그러나 이 사건은 나중에 진짜 범인이 잡히면서, 용의자가 누명을 쓴 것으로 밝혀졌다.

피해 여성은 거짓말을 할 생각이 없었다. 하지만 결과적으로 위증을 하게 된 셈인데, 그렇게 된 데는 두 가지 이유를 들 수 있다.

첫 번째 이유는 당시 경찰이 용의자를 범인이라고 확신하면서 이를 입증하기 위한 증거를 만들었다는 것이다. 경찰은 수사 초기에 용의자 남성의 사진을 피해 여성에게 보여주며 범인인지 물었고, 당시에는 피해 여성이 확실하게 대답하지 않았다고 한다.

그 후 여러 남성들의 사진 중에서 범인을 찾으라고 요청하자 '이 사람일지도 모른다'며 그 용의자를 지목했다.

인간의 기억은 익숙하다는 느낌만으로도 왜곡된다. 용의자의 사진을 사전에 봤기 때문에 그 얼굴을 본 적이 있다는 느낌이 새겨진 것이다. 실제로 그 사람을 만난 것인지 사진으로 본 것인지는 더 이상 구별되지 않는다. 따라서 경찰 조사를 받으며 용의자의 사진을 여러 번 보다 보니 '이 사람이 틀림없다'는 믿음을 가지게 된 것이라고 볼 수 있다.

피해 여성이 자신도 모르게 위증을 하게 된 또 다른 이유는 '피해자 시선'이라는 문제 때문이다.

돌발적으로 사건에 휘말렸을 때 우리는 '어디'를 보고 있을까? 예를 들어 눈앞의 사람이 자신에게 총을 겨누고 있다면 우리는 범인, 총, 또는 아예 다른 무언가 중에서 어떤 것을 보게 될까?

총이 눈앞에 있을 때 인간은 그 총을 응시하는 것으로 알려져 있다. 범인의 얼굴이 전혀 기억에 남지 않을 정도로 총만 뚫어지게 쳐다본다고 한다.

그렇다면 실제 사건에서는 어땠을까? 피해 여성은 칼로 위협을 받았다.

많은 사람들이 자신을 위협한 범인의 얼굴을 분명히 기억할 것

피해자가 범인의 얼굴을 기억하지 못하는 이유.

그렇게 말하면 못 알아듣습니다

이라고 예상하지만, 피해 여성의 시선은 자신에게 겨눠진 칼끝을 향해 있었을 것이다. 그렇다. 애초에 피해 여성은 범인의 얼굴을 거의 보지 못했을 가능성이 높다.

앞서 말했듯 이 사건은 나중에 진범이 잡히면서 용의자의 누명이 밝혀졌지만, 범인으로 오해받아 구속된 남성은 정신적인 충격 때문인지 심장 발작으로 사망하고 말았다.

인간이 가진 기억의 불확실성이 사건을 더욱 비극적인 결말에 이르게 한 것이다.

우리는 거짓말을 할 수밖에 없다?!

이런 연구 결과가 계속 발표되자 '기억은 불확실한 것'이라는 인식이 널리 퍼지게 됐다.

과거에 범죄 수사에서 결정적인 증거로 받아들여진 자백이나 목격자 증언을 지금은 다르게 취급하게 된 데는 심리학 연구 결과의 공이 크다.

인간은 사실에 근거한 이야기를 할 수 있는 존재가 아니며, 자백이나 목격자 증언이 언제나 옳다고 볼 수도 없다. 거짓말을 할 의도가 없더라도 기억은 쉽게 조작된다. 인간은 자신이 목격한 것이나 체험한 것을 그렇게까지 정확하게 증언하거나 재현할 수 없다는 사실이 밝혀진 것이다.

여기서 문제로 삼은 것은 '목격자'라는 입장에서 일어나는 오류인데, 이는 범죄나 사건뿐만 아니라 일상생활에도 적용된다. '무엇을 했다, 안 했다', '사전에 주의 환기를 시켰다, 시키지 않았다'와 같은 언쟁이 그러하다. '말했다, 말하지 않았다'는 식의 대화도 마찬가지다.

고의로 거짓말을 하는 사람이 없는 것은 아니지만, **거짓말을 할 의도가 없다고 해서 자신이나 타인이 하는 말이 사실이라고 단언할 수는 없다.**

어쩌면 거짓말을 하겠다거나 상대방을 속이겠다는 악의가 있는 경우가 오히려 눈치채기 쉬울 수 있다. '말과 행동이 왠지 수상해', '말이 안 되는 얘기를 하네', '평소 모습과 달라'라고 느낄 수 있기 때문이다.

하지만 상대방이 무의식적으로 자신의 기억을 조작하고, 그 기억을 철석같이 믿으면서 진심으로 이야기한다면 어떨까? 그 거짓말(말하고 있는 본인에게는 진실)을 알아차리기란 결코 쉽지 않을 것이다.

그렇게 말하면 못 알아듣습니다

🗨🗨 우기면 장땡,
목소리 큰 사람의 승리가 되기 쉽다

이렇듯 '기억은 매우 믿을 만하지 못하다'는 사실을 아는 것은 도움이 된다. 상대방이 하는 말이 분명하지 않고 때로는 틀리더라도 어쩔 수 없는 일이라며 이해할 수 있고, 그렇다 보니 화가 나는 일도 줄어들기 때문이다.

또한 자신의 기억에 의존하지 않고 여러 일들을 이중으로 확인하게 되므로 실수가 줄어든다. 자신이 틀렸을 수 있다고 솔직하게 인정하며 서로 한 걸음씩 물러날 수도 있다.

하지만 좋은 점만 있는 것은 아니다. 나는 기억이란 믿을 만하지 못하다는 생각 때문에 힘든 경험을 한 적이 있다.

몇 년 전, 주차장에서 후진으로 주차를 하던 때의 일이다. 옆에 주차돼 있던 차에서 한 여성이 뛰쳐나오며 "이봐, 부딪쳤잖아!"라고 소리쳤다. 나는 그런 느낌을 전혀 받지 못했는데 상대방은 부딪쳤다고 주장하면서 "여기!"라며 자신의 차를 가리켰다.

충돌한 기억은 없었지만 상대방이 가리키는 곳에는 희미하게 흠집이 나 있었다. '저렇게까지 말하는 걸 보니 부딪친 게 맞나 보군…'이라고 생각했다. 상대방을 믿었다기보다 부딪치지 않았다는 내 기억을 확신할 수 없었다. 기억의 불확실성에 대해서 누구보다 잘 알고 있었기 때문이다. 경찰에도 연락해봤지만 '보험사를 통해 해결하라'는 답변뿐인 걸 보면 이런 사고는 빈번하게 일어나는 모양이었다.

내 차 때문에 생겼다는 흠집을 보니 도장이 약간 벗겨져서 흰 선이 생긴 정도였다. '몇십만 원이면 해결될 수준이니 더 이상 옥신각신하지 말고 보험으로 처리하자' 싶어 물러났다.

며칠 후 도착한 청구서에는 수백만 원에 달하는 금액이 쓰여 있었다. 아무래도 이상해서 보험 회사에 확인해보니 내 차가 그 차 여기저기에 부딪친 것으로 돼 있었다. 그 여성은 자신의 차에 난 모든 흠집을 내 보험으로 수리하려고 한 것이었다.

나는 화도 나고 정의감이 불타올라서 전문가에게 조사를 의뢰했다.

그 결과 놀랍게도 애초부터 그 차와는 아무런 충돌이 없었다는 사실을 알게 됐다. 내 차와 부딪쳤다면 응당 남아 있어야 할 염료가 그 차에서 발견되지 않았을뿐더러, 내 차에는 흠집도 없었고, 두 차가 이루는 각도로 볼 때 그 여성이 말한 흠집이 만들어지는 건 불가능했다.

상대방이 너무나도 확신에 차서 주장하는 말에 영향을 받아서, '부딪치지 않았다'는 내 기억을 의심하고 말았다. 로프터스 교수의 실험에서 발생한 '기억 조작'이 내게도 일어난 것이다.

돌이켜보면 바람이 매우 강하게 불던 날이라 바람 때문에 차가 흔들렸는데, 상대방은 내 차에 '부딪쳤다'고 생각했고, 나도 '충돌을 했을지도 모른다'고 믿은 것일 수 있다.

확신을 품고 '부딪쳤다!'고 하는 여성의 주장에 의해서 '사실'이 만들어졌다.

세상에는 이렇듯 **단정적으로 말하는 사람이 기세를 잡고, 자신의 기억이 옳다고 믿는 사람이 이기는 상황이 매일 벌어진다.**

자신의 기억을 믿지 못해서, 자신만만한 목소리를 내는 타인에게 휩쓸리는 것도 충분히 있을 법한 일이다.

이런 경험을 한 사람이 의외로 많기 때문에 요즘은 차량용 블랙박스를 설치해 차량의 전후좌우를 녹화하는 사람이 늘고 있다. 나 역시 곧바로 블랙박스를 구입했다.

만약 양쪽 모두 악의가 없었더라도 서로 자신의 '기억'을 바탕으로 '부딪쳤다'거나 '부딪치지 않았다'고 주장한다면, 논쟁은 끝이 나지 않을 것이다.

하물며 한쪽이 악의를 품고 더욱 강력하게 주장한다면 다른 한쪽은 그 주장을 받아들이고 말 것이다.

기억이 얼마나 불확실한 것인지 잘 숙지해 부디 나와 같은 어려움을 겪지 않기 바란다.

🗨🗨 생성형 AI 시대, '기억의 불확실성'이 더욱 위험한 이유

2023년에는 생성형 AI가 주목을 끌었다. 일상에서 사용하는 언어로 생성형 AI에 질문을 하면 마치 인간이 말하듯이 자연스러운 문장으로 대답해준다. 잘만 사용하면 매우 편리한 기술이다.

다만 챗GPT를 포함한 생성형 AI는 잘못된 내용으로 답변을 해줄 때가 많으며, 오류 수준도 다양하다는 것을 주의해야 한다.

챗GPT는 인터넷상에 있는 정보를 학습해 질문에 답하는데, 원래 인터넷상에는 잘못된 정보나 인식이 넘쳐난다. 전문 분야와 관련된 복잡한 지식일 때 이 현상이 더욱 두드러진다. 챗GPT는 잘못된 데이터도 학습에 이용하기 때문에 때때로 잘못된 답변을 만들어내는 것은 피할 수 없다.

이에 관한 매우 흥미로운 일화를 변리사 S에게서 들은 적이 있다. S는 고객에게 위탁을 받아 특허나 상표 등록을 국내외에 출원하는 업무를 하는데, 요즘 들어 고객들이 법적으로 잘못된 내용을 당당하게 주장하는 일이 늘고 있다고 했다.

고객들에게 자세히 물어보니 그중 일부는 챗GPT의 답변을 바탕으로 주장한 것이었다.

S는 자신이 출원하려고 하는 특허와 비슷한 것이 존재하는지 챗

그렇게 말하면 못 알아듣습니다

GPT에 물어봤고, 챗GPT는 실재하지 않는 사례를 언급하면서 '그럴듯하게' 답변했다. 즉 사례를 날조한 것이다. 그 외에도 미국과 일본의 법률을 혼동하거나 상표법과 저작권법을 혼동하기도 했다.

문제가 되는 것은 생성형 AI의 답변이 '그럴듯하다'는 점이다. 앞서 예로 든 주차장 사고에서처럼 단언하는 사람이 이기는 현상이 일어나기 시작한 것이다.

챗GPT는 자신이 생성한 문장에 책임을 지지 않는다. 그럴듯한 챗GPT의 대답을 믿은 사람이 대신 책임을 져야 한다.

이와 같은 문제가 일어날 가능성이 높을 뿐만 아니라 표절 등의 문제와도 관련이 있기 때문에, 기업이나 학교에서는 생성형 AI가 출력한 답변을 그대로 사용하는 것을 금지하고 있다.

하지만 아직 무엇이 옳고 그른지 판단하지 못하는 아이가 챗GPT의 답변을 믿고 돌이킬 수 없는 잘못을 저지른다면 어떻게 될까? 또는 그 아이가 하는 말을 부모가 그대로 믿는다면?

더욱 걱정스러운 것은 챗GPT를 사용한 당시에는 '챗GPT가 잘못된 정보를 출력했다'는 사실을 알아차렸더라도 **나중에 비슷한 정보를 접했을 때 '이 이야기를 어디선가 들어본 적 있다'며 잘못된 정보의 내용만 떠올릴 수도 있다**는 점이다. 앞서 예로 든 성폭행 사건의 피해 여성이 여러 번 본 적 있는 용의자의 사진에 반응한 것처럼 말이다.

누구에게나 일어날 수 있는 이런 문제를 '믿는 쪽의 잘못'이라고
만 할 수 있을까?

통할 때까지 다가서려는
노력이 있다면

잘 이야기해도 상대방이 제대로 알아듣지 못하는 현상은 매일 일어나는 의사소통 상황에서도 벌어진다.

말하는 쪽은 자신에게 중요하다고 생각하는 내용이니까 정확하게 전하기 위해 노력하고, 전달한 내용을 제대로 기억하고 있다. 또한 자신이 한 말을 듣는 쪽이 올바로 이해해야 한다고 생각한다. 하지만 정말 '정확하게' 전하고 있는지는 알 수 없다.

한편 듣는 쪽은 애초에 상대방의 이야기를 중요하다고 생각하지 않는다. 들으면서 다른 데 신경을 쓰기도 하고, 그 이야기보다 다른 것을 더 중요하게 여기기도 한다.

그렇다 보니 악의 없이 흘려듣거나 들어놓고도 전혀 다르게 해석할 가능성도 있다. 들은 이야기에 대한 기억이 조작돼 잘못 기억하는 경우도 있다. 또는 잠깐은 기억했더라도 금방 잊어버릴 수도 있다.

이런 현상은 일상에서도 반복돼 상황을 꼬이게 만든다.

무언가를 사다 달라고 부탁했는데 상대방이 잊어버려서 '말을 했다, 안 했다'로 크게 싸우는 경우.

부하 직원에게 업무를 지시했는데 완전히 잊어버리는 경우.

만나기로 한 시간을 착각하는 바람에 약속을 어기는 경우.

지시한 것과 다른 작업을 해놓은 경우.

문제의 배경에는 바로 인간의 인지 능력이 있다. 이쯤 되면 자신이 전달한 대로, 의도한 대로 상대방이 이해하고 행동하는 것이 마치 기적처럼 느껴지기도 한다.

그러므로 우리가 전달하고 싶은 내용이 올바르게 전해지고 있는지 주의를 기울여야 한다.

또한 어떤 실수나 문제가 발생했을 때 '내가 말했잖아!'라고 상대방을 혼내거나 '시키는 대로 못 하는 걸 보니 능력이 부족한 사람이네', '이렇게까지 상세히 설명했는데 정확하게 이해가 안된다는 게 믿기지 않아'라고 평가하는 것은, 다소 오만한 태도라는 것도 알아야 한다.

애초에 기억에 남기는 방식이 다르면 해석도 달라지는 법이다. 그러니 상대방이 정확하게 기억하지 못하더라도 어쩔 수 없다.

물론 그런 차이가 생겨서는 안 되는 상황도 많고, 차이를 줄이는 방법에 대해서도 다룰 것이다. 하지만 그 전에 **인간의 인지 능력이 불완전하다는 사실**을 이해하기 바란다.

이 장의 도입부에서 이야기했던, 말하는 방식을 연구하거나 표현 방식을 바꿔서 어떻게든 자신의 의도를 상대방에게 전달하려고 하는 내용의 비즈니스 도서가 '상세하게 이야기해도 서로를 이해하기 어려운' 우리에게 도움이 되는 것은 사실이다.

다만 그 책들이 목표로 하는, 말하는 방식을 바꿈으로써 갑자기 이해가 잘되거나 의도가 정확하게 전해지거나 관계가 좋아지는 등의 효과는 기대하기 어려울 것이다.

서로를 이해하지 못하는 상태지만 조금이라도 서로에게 통하는 표현을 찾아내는 것.

이를 목표로 일상에서 노력을 계속하는 편이 내 말을 상대방이 '즉시 이해하게 하는 것'보다 더욱 중요하다.

🎤🎤 심오한
인지 능력의 세계

지금까지 '말하면 전해지고 이야기하면 알아듣는다'고 믿었던 것이 사실은 착각이라는 점과 그 이유를 뇌의 백그라운드에서 작동하는 인지의 틀인 '스키마'와 인지 능력의 불확실성을 통해서 알아봤다.

이렇게 스키마에 영향을 받으면서, 인지 능력을 바탕으로 이뤄지는 활동은 '언어에 의한 의사소통'만 해당되는 것은 아니다.

- 학업이나 업무에서 정보를 처리하고 결과물 만들어내기
- 많은 사람들과 협력해 목표 달성하기
- 부분을 보고 전체 예상하기
- 지금 일어나는 일들을 바탕으로 미래 예측하기
- 어떤 현상의 원인 밝혀내기

예시와 같이 우리가 지적인 활동, 인간다운 활동이라고 여기는 것, 업무에서 요구되는 대부분의 것들이 인지 능력에 큰 영향을 받는다.

우리가 느끼는 것 이상으로 인지 능력이란 심오한 것이다.

다음 장부터는 '말하면 전해지고 이야기하면 알아듣는 것'과 관련해, 인간의 다양한 인지 능력을 더욱 자세히 살펴보겠다.

그렇게 말하면 못 알아듣습니다

그리고 더욱 기분 좋게 하루하루를 보내는 방법, 인지 능력을 발휘하는 방법, 업무에서 더 많은 결과물을 만들고 생산성을 높이는 방법을 찾아보고자 한다.

그럼 시작해보자.

2장

소통이 어긋날 때,
우리에겐 어떤 일이 일어나고 있을까?

1장에서는 업무를 할 때나 가족 혹은 친구들과 대화할 때 '말하면 전해질 것이고 이야기하면 알아들을 것'이라고 당연시했던 일이 실제로는 다양한 어려움을 거쳐서 이뤄진 결과라는 사실을 확인했다.

인간의 인지적 특성 때문에 발생하는 문제들의 예시를 접하고 놀란 사람도 많을 것이다.

'이건 틀림없는 사실'이라고 확신하는 것조차도 실제로는 매우 불확실하고 때로는 사실과 전혀 다르다는 것.

의사소통에서는 '정확하게 전달했다', '잘 이해했을 것이다'라는 믿음은 착각일 수 있으며, '전달한 것', '말한 것'이 상대방에게 그대로 전해지지 않을 수도 있다는 것.

이런 측면을 이해하고 나면, 아마 새로운 의문이 생길 것이다.

주변 사람들과 협력해서 일을 해나가려면 어떻게 해야 할까?

현상을 올바르게 인식하고 정확하게 의견을 제안하려면 무엇이 필요할까?

의사소통을 잘한다는 건 어떤 의미일까?

올바르게 전달되는 의사소통이란 무엇일까?

서로를 이해한다는 건 어떤 의미일까?

또는 다음과 같은 생각이 들려고 할 때 '정말 그렇게 생각해도 될까?' 제동을 걸게 되기도 한다.

이런 일이 일어난 건 분명하니까 당연히 ○○해야 한다.

○○하지 않는다니 말도 안 된다.

나는 제대로 설명했으니까 듣지 않은 쪽이 잘못이다.

다만 1장에서 소개한 인지적 특성은 인간이 가진 인지 능력의 일부에 지나지 않는다. 그러므로 여기서 언급한 문제만 해결한다고, 말하면 전해지고 이야기하면 알아듣게 되는 건 아니다.

그렇다면 자신은 분명히 제대로 전달했고 상대방도 올바르게 이해한 것 같은데 실제로는 전해지지 않고 이해가 안된 경우에, 우리의 인지 세계에서는 어떤 일이 일어나고 있을까?

이 장에서는 더 나은 의사소통을 위해, 나아가 더 나은 커리어와 삶을 실현하기 위해 알아야 할 '말해도 전해지지 않고 이야기해도 알아듣지 못하는 현상'의 원인인 인지 능력의 특성 몇 가지를 소개하겠다.

'머리가 좋다'고 하면 어떤 이미지가 떠오르는가?

날카롭게 사고하는 사람, 시야가 넓은 사람, 전문 분야에서 뛰어난 능력을 보이는 사람, 일을 잘하는 사람 등 각자의 스키마에 따라 다양한 이미지를 떠올릴 것이다.

오해 ① 기억력이 뛰어나 성적이 좋으면 이해력도 높다

어린 시절을 한번 떠올려보자. 그때는 어떤 사람을 머리가 좋다고 생각했는가?

'기억력이 뛰어난 사람'이야말로 머리가 좋다고 생각하지 않았는가? 더 극단적으로 표현하자면 학교 시험에서 좋은 성적을 받은 사람 말이다. 우리는 입학시험, 중간고사, 기말고사, 자격증시험까지 '기억하고, 기억한 것을 끄집어내는 능력을 측정하는 시험'을 여러 번 거쳐왔다. 그런 시험 중 대부분은 기억력이 좋을수록 높은 점수를 얻기 쉬운 것이었다.

최근에는 사고력이나 상상력을 측정하는 시험으로 조금씩 변하고 있지만, 여전히 기억하고, 기억한 것을 끄집어내는 능력을 측정하는 경향이 강하게 남아 있다. 그렇다 보니 수험 전쟁을 헤쳐온 엘리트들 중에는 기억하고, 기억한 것을 끄집어내는 것이 특기인 사람이 많은 편이다.

따라서 성인이 된 지금도 '기억력이 좋은 사람=머리가 좋은 사람'이라고 생각하는 경우가 많다.

하지만 기억력이 좋은 사람이 이해력도 좋은가 하면 꼭 그렇다고 보기는 어렵다. 고학력자가 기업에 입사한 후 적응을 어려워하는 일도 드물지 않다. 또는 대화를 하다 보면 '이 사람, 내 얘기를 제대로 이해하고 있는 건가?' 의구심이 들게 만드는 엘리트들도 있을 것이다.

학창 시절의 우등생이 업무에서도 언제나 우수한 건 아니며, 고학력자 집단에서 때때로 의사소통 문제가 발생하는 까닭도 이런

맥락에서 찾을 수 있다.

기억력을 측정하는 시험과 대조적인 방식을 택한 경우가 핀란드의 대학 입학시험이다.

핀란드에서는 수업 중에 '이해도를 확인하는 시험'은 이뤄지지만, 중학교 입시나 고등학교 입시처럼 서열을 매기는 시험은 치르지 않는다. 즉 고등학교 입시를 위해 영어 단어장을 암기할 필요가 없는 것이다.

영어 단어를 외우는 건 어디까지나 영어를 사용하기 위함이라는 사상이 밑바탕에 깔려 있다.

배움이라는 관점에서는 이상적으로 보이나, 대학 입학시험은 가혹할 정도로 어렵다. 보통 2~3일에 걸쳐서 실시하는데 매일 여섯 시간 정도 시험장에 갇혀서 철학적인 문제나 사회 문제와 같은 큰 주제를 논술로 답해야 한다.

자신의 의견이나 생각을 서술하기 위해서 어느 정도 지식은 필요하지만, 축적된 지식을 스스로 통합해 새로운 아이디어나 설득력 있는 해결책을 도출해낼 수 있는지에 초점을 둔다.

학생의 답변을 통해 지식·사고력·이해력 등 다양한 능력을 측정하는 시험이다.

일본의 입시는 오랫동안 암기에 편중돼 있다는 평가를 받아왔

그렇게 말하면 못 알아듣습니다

다. 핀란드의 시험에서 힌트를 얻어 시험 방식을 재구성한다면 그런 평가에서 벗어나는 데 도움이 될 것이다. '어떤 능력을 측정하기 위한 시험인가?'라는 근본적인 질문으로 돌아가는 것이 현재 일본 교육에 필요한 자세다.

🗨🗨 기억은 이해를 바탕으로 한다

오해하면 안 되는 점은 '이해하는 것과 기억하는 것은 별개니까 기억은 하지 않아도 된다'거나 '암기 위주의 일본 시험은 의미가 없다'고 말하려는 게 아니라는 것이다.

기억력과 이해력이 별개라고는 해도 서로 아무 관련 없이 독립적인 것은 아니기 때문이다. 이 말은 어떤 의미일까?

예를 들어 '일본 각지에서 선상강수대 때문에 심대한 피해가 예상된다'라는 문장을 외운다고 해보자.

가장 잘 외울 수 있는 사람은 일본어를 자유자재로 구사하고, 문장에 나오는 단어들의 의미를 원래부터 알고 있으며, 이 문장이 어떤 의미인지 이해하고 있는 사람이다. 실제로 자신이 피해를 입었거나 뉴스에서 피해 소식을 접하고 안타까워한 적이 있다면 더욱 외우기 쉬울 것이다.

한편 '선상강수대'나 '심대한'이라는 단어를 모른다면 어떨까?

또는 일본어 자체를 이해하지 못하는 사람이라면?

전혀 알지 못하는 것을 기억하기란 어려운 법이다. 그렇다. 기억은 이해를 바탕으로 한다.

기억이 이해를 바탕으로 이뤄진다는 사실은 무작위 단어를 기억하고 관련된 물음에 답하는 퀴즈를 통해서도 확인할 수 있다.

문제: 다음 단어를 순서와 상관없이 가능한 한 많이 기억하라. 제한 시간은 1분이다.

책상 연필 빵 화병 책 꽃 수건 봉투 의자 다리미 신발 버터 지우개 펜 공 안경 양말 가방 리모컨

1분이 지나면 위의 단어 목록을 가리고 다음 질문에 답해보자.

'앞서 보여준 단어 중에서 음식과 관련된 단어는 무엇인가?'

이 질문에 답하는 것은 어렵지 않다. 하지만 단어의 수가 늘어나면 떠올리지 못하는 단어도 늘어날 것이다.

무작위로 제시된 단어를 기억할 때는 단순히 단어를 반복하며 외우기보다는 자신과 관련된 이야기로 만드는 방법이 효과적이다. '이해'라는 과정을 거치냐, 안 거치냐에 따라서 기억할 수 있는지 없는지가 크게 영향을 받기 때문이다.

그렇게 말하면 못 알아듣습니다

만약 당신이 단어를 기억하기 위해 단순 반복만 했더라도, 무의식에서는 그 단어들을 연관 지어 기억하려고 한다. 원래는 아무 의미가 없던 단어들의 배열을 이해하려고 하는 것이다.

즉 우리가 무언가를 기억해야 할 때는 의미를 생각하지 않고 통째로 암기하기보다, 이해라는 과정을 거쳐서 기억에 남기는 것을 목표로 하는 편이 자연스럽고 기억하기도 쉽다.

대학 입시 이야기로 돌아가서, 이해를 측정하려는 핀란드의 방식이 장기적으로 봤을 때 지식을 머릿속에 남기고 실생활에서 활용하는 데 도움이 된다. 이런 관점에서 핀란드의 대학 입시를 통해 배울 점이 있는 것이다.

🗨️ 오해 ② 기억의 오류는 이해가 부족해서 생긴다

앞선 퀴즈의 정답은 빵과 버터다. 오답자들 가운데는 아무것도 떠오르지 않아서 아예 대답을 하지 못한 사람이 있는가 하면, 단어 목록에 없는 것을 답한 사람도 있을 것이다.

그중에는 잼, 마가린, 계란, 커피처럼 식탁 위에 빵과 함께 놓을 법한 것을 답한 경우도 있을 것이다.

또는 치즈, 요구르트처럼 버터에 가까운 것을 답한 경우도 있을 것이다.

이는 비록 오답이기는 하지만 '이해력'이 작동했다는 증거이기도 하다.

그렇게 답변한 사람은 빵과 버터를 외울 때 '빵과 함께 먹는 것', '음식에 발라서 먹는 것', '유제품'이라고 이해한 후에 기억했다고 볼 수 있다. 이해했기 때문에 틀린 것이다.

인간은 '관련지어서 기억해야지', '이해해서 외워야지'라고 의도하지 않고 그냥 기계적으로 외우려 마음먹어도, 기억 가능한 용량을 초과하면 자신이 가진 스키마를 이용해 이해하면서 암기하려고 한다. 어떤 식으로 이해했는지에 따라 단어 목록에 없는 단어를 잘못 말할 확률이 높아진다.

이런 기억 과정은《100만 번 죽은 고양이: 잘못 기억한 책 제목 모음집》(100万回死んだねこ 覚え違いタイトル集)이라는 재밌는 책에서도 확인할 수 있다.

일본 후쿠이현립도서관의 사서들이 쓴 이 책은 '잘못 기억한 책 제목 모음집'이라는 소제목대로, 책 제목을 잘못 기억한 예시가 여러 가지 소개돼 있다. 1977년 출간된 명작《100만 번 산 고양이》(사노 요코, 2016)가 '죽은'으로 바뀐 것은, 책 제목을 잘못 기억한 사람이 그 제목을 '이해'하고 기억했기 때문이다.

그렇게 말하면 못 알아듣습니다

《100만 번 죽은 고양이》는 인간이 정보를 어떻게 이해하고 기억하는지 잘 보여주는, 인지과학자에게 매우 귀중한 자료다. 어떤 사서는 '스트라디바리우스는 이렇게 말했다'라는 책 있나요?"라고 물어보는 이용자가 있었다고 했다. 그 사람이 찾는 책은 무엇이었을까? 그렇다. 니체의《차라투스트라는 이렇게 말했다》이다.

익숙하지 않은 외국어 이름을 비슷한 길이의 비슷하게 낯선 외국어 고유명사와 혼동한 것이다. 단어의 길이도 혼동을 일으키는 원인이 된다.

이해했기 때문에 오히려 틀린다

앞서 소개한 퀴즈에서 단어 목록에 없는 단어를 말한다고 무슨 큰일이 일어나는 건 아니다. 잘못된 책 제목도 웃으면서 이야기하면 그만이다. 하지만 사건의 목격자가 된다면 어떨까. 이 경우에는 '이해하고 기억한다'는 특성이 부정적으로 작용할 수 있다.

강도 사건을 목격한 후 형사에게서 "거기에 칼이 있었습니까?"라는 질문을 받았다고 해보자. 그러면 실제로는 칼이 없었더라도 몇몇 사람들은 "칼이 있었어요"라고 답한다.

그들은 거짓말을 하는 것이 아니다. 당시의 기억을 돌이켜보다가 피해자의 혈흔이 곳곳에 남아 있던 모습이 떠올라서 '분명히 칼이 있었어'라고 믿게 된 것이다.

인간의 눈은 카메라 렌즈가 아니다. 뇌는 눈으로 본 모든 것을 정확하게 기억하지 못한다.

인간은 의미 없이 나열된 단어를 보고도 이해력을 발휘해 이야기를 만들어낼 수 있고, 이에 따라 기억력을 높일 수도 있지만, 한편으로는 이해력이 작동해 기억이 왜곡되기도 한다.

왜곡된 기억에 관련된 이야기를 할 때는 진실을 말하고 있는 것이 아닌데도 불구하고 본인은 거짓말을 하고 있다는 사실을 자각하지 못한다. 자신에게는 그 기억이 '진실'인 것이다.

그렇게 말하면 못 알아듣습니다

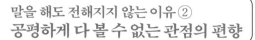
앞서 '인간의 눈은 카메라 렌즈가 아니다'라고 표현했다. 우리는 무언가를 보거나 들을 때 자신이 갖고 있는 스키마와 믿음에 영향을 받는다. 시야에 들어온 것과 보는 것은 같지 않다. 눈앞에 있는데도 보지 못하는 경우가 생긴다.

나는 예전에 테가 오렌지색인 안경을 끼고 다녔는데, 한번은 비행기 안에서 그 안경을 낀 채로 잠이 들었다.

어쩌다가 떨어진 건지 잠에서 깼더니 안경이 사라진 상태였다. 앉았던 자리 주변에서도 찾을 수 없었다. 아무래도 좌석 사이 공간에 떨어진 것 같았다.

상상한 것과 다르면 '눈앞에 있어도 알아차리지 못한다'.

그렇게 말하면 못 알아듣습니다

좌석은 볼트로 고정돼 있어 내 힘으로는 꺼낼 수 없었고, 결국 착륙한 후 현지 정비사를 불러서 좌석을 분리해 꺼내기로 했다.

어떤 안경인지 물어보는 정비사에게 "테가 오렌지색인 안경이에요"라고 대답했다. 그는 좌석을 들어내고 손전등을 비추며 5분 정도 안경을 찾다가 "아무리 봐도 없어요"라고 말했다. 비행기에 탈 때는 분명히 끼고 있었으므로 안경이 없을 리가 없었다.

"이 좌석 아래가 맞지요?" 정비사는 내가 좌석 바닥을 볼 수 있도록 비켜서면서 물었다. 바로 거기 내 안경이 있었다. 내가 "이거예요" 하며 안경을 꺼내자 정비사는 매우 놀란 듯 입을 딱 벌린 채 굳어 있었다. 그는 일부러 장난을 친 것도 아니고 농담을 한 것도 아니었다. 말 그대로 '보이지 않았던 것'이다.

시야에 들어왔다고, 보고 있는 것은 아니다

눈앞에 떡하니 있고 분명히 시야에 들어왔지만 왜 보지 못한 것일까?

정비사가 예상한 '테가 오렌지색인 안경'과 실제 안경이 전혀 달랐기 때문이다. 나는 오렌지색이라고 말했지만, 사실 그 안경테는 너무 얇아서 오렌지색이 잘 눈에 띄지 않았다. 그가 떠올린 이미지는 안경테 전체가 오렌지색인 안경(끼는 데 상당한 용기가 필요한)이 아니었을까?

실제와는 전혀 다른 것을 상상했기 때문에 눈앞에 있지만 보지 못한 것이다. 인지 능력은 때로는 이런 방식으로 작동한다.

당신도 비슷한 경험을 한 적이 있는가?

신문 광고에서 본 책을 서점에서 찾는다고 생각해보자. 책이 있을 법한 코너에 가서 훑어봤지만 보이지 않는다. '이 서점에는 없는 건가?' 싶어서, 요즘 대부분의 대형 서점에 설치돼 있는 재고 검색 단말기로 직접 검색해봤더니 역시나 아까 봤던 코너에 재고가 있다고 나온다.

다시 돌아가서 찾아보지만 이번에도 없다. 결국 점원에게 물었더니 책은 자신의 바로 앞에 놓인 선반에 쌓여 있었다. 이를 알게 되고 '나한테는 대체 왜 안 보였던 거지?'라는 의문이 든다.

그리된 데는 다른 책에 시선이 갔거나 표지 색이 예상과 달랐다는 등의 다양한 원인이 있었을 것이다.

이렇듯 시야에는 들어왔지만 보지 못하는 현상은 흔하게 일어난다.

이런 인간의 특성을 알면, 거래처에 보내는 서류에 거절 의사를 담은 문장을 쓴 후 '거절한다고 표현했으니까 자세하게 설명하지 않아도 이해하겠지'라는 생각이 들 때 제동을 걸 수 있다.

거절하는 문장을 써뒀고 상대방이 그것을 봤다고 해도, 정말 '읽고 이해했는지'는 알 수 없다. 글자를 '보고(시야에 들어와)' 있어도 '읽고' 있지 않을 때가 있다. 누구에게나 보이도록 주의사항이 적혀 있어도 그것을 정말로 '읽었는지(즉, 언어 정보로서 제대로 처리했는지)'는 알 수 없다. **우리의 관점은 언제나 편향돼 있다.**

💬 보는 것뿐 아니라 빠짐없이 인식하는 것도 어렵다

시야에 들어오지만 보지 못하고, 전부가 아니라 편향되게 보는 현상은 물리적으로 어떤 대상을 보고 있는 경우에만 국한해서 일어나는 것이 아니다. 무언가를 들을 때도 마찬가지다.

부부가 대화를 나누다가 "내 얘기 듣고 있어?"라고 묻는 상황이 대표적인 예다.

중요한 정보가 전달될 것을 미리 알고 주의 깊게 듣는다고 해도, 들은 내용을 모두 정확하게 이해하고 기억하는 건 불가능하다. 그렇다 보니 앞사람에게 들은 말을 뒷사람에게 전달하기만 해도 재미있는 놀이가 된다.

비슷한 현상이 무언가를 인식할 때도 발생한다.

자녀가 새로운 게임기를 사달라고 부모에게 조를 때 "다른 애들도 다 가지고 있으니까 사주세요"라고 주장한다. 그때 "A도 가지고 있니?"라고 반 친구의 이름을 언급하며 물으면 "A는 없어요"라고 답하고, "그럼 B는?"이라고 물으면 "B는 모르겠어요"라고 답하는 대화가 이어진다. 자녀는 거짓말을 하려는 게 아니라 진짜로 '모두가 가지고 있다'고 믿는다. 한 사람씩 짚어서 물어보면 모두 그런 건 아닌데 전부 가지고 있다고 믿는다면, **자신에게 유리한 정보만 눈에 띄게 보인 것**이다. 이런 현상을 통해 인간의 인식이 편향됐다는 사실을 알 수 있다.

🗨️ 과도한 일반화에 빠진다

게임기를 사달라고 조르는 자녀의 예시처럼, 인간은 대상을 빠짐없이 보거나 인식하는 것이 불가능할 뿐만 아니라, **눈에 들어오거나 인식된 극히 일부의 정보가 '전체'라고 믿는 경향**이 있다. 어른이 돼도 매한가지다.

몇 년 전 미국에서는 특정 국가, 인종, 사상이나 신조를 가진 사람을 대상으로 입국을 제한한다는 대통령령이 발표됐다. 어떤 사람이 테러 행위를 저질렀을 때 그 사람과 국가, 인종, 사상이나 신조가 같은 사람들 모두를 테러리스트라고 본 것이다. 이와 같은 사고의 편향을 **'대표성 편향'**이라고 하며, 대표적인 사례를 전체에 적

그렇게 말하면 못 알아듣습니다

용해서 생각하는 현상을 **'과도한 일반화'**라고 한다.

한 개인의 행동이 집단 전체를 대표한다고 보기는 어렵다. 어떤 마을에서 절도 범죄가 일어났다고 해서 그 마을에 사는 사람들이 모두 물건을 훔친다고 볼 수는 없다.

그런데도 특정한 사람의 행동을 보고 '미국인들은···', '일본인들은···', '20대 여성들은···', '이래서 남자들은···', '요즘 젊은이들은···'이라며 쉽게 단정 짓곤 한다.

특히 감정이 개입될 때는 과도한 일반화가 더욱 쉽게 일어난다. 예를 들어 'ㅇㅇ인'에 관해 좋지 않게 생각하는 국가에서는 개인의 의견도 국가 의견에 동조해 만들어지는 경우가 많다. 자신의 감정뿐만 아니라 세상의 감정도 자기 의견을 결정짓는 데 포함된다.

한 개인에 대해서도 우연히 목격한 특징만을 근거로 'ㅇㅇ씨는 ㅇㅇ이니까'라며 과도하게 일반화하는 일이 흔하다.

상대방이 어쩌다 한 번 피치 못할 사정 때문에 지각했을 때 자신의 마음에 여유가 없다면 '이 사람은 시간 개념이 부족하다'고 단정 짓기도 하고, 상대방의 사소한 실수를 지적했더니 '별것 아닌 일에 집착하는 귀찮은 사람'으로 낙인찍히기도 한다.

아이들 사이에서는 과도한 일반화의 정도가 심해져서 따돌림으로 이어지는 경우도 있다.

이때 '단정 짓는 건 좋지 않다', '상대방의 마음을 생각하자'고 이야기한들 누구에게도 공감받기 어려울 것이다.

지식이나 정보를 받아들이고 이해하며 기억할 때, 반드시 어떤 치우침이 발생한다. 자신에게 불리한 정보는 애초부터 머릿속에 들어오지 않는다. 또한 스키마에 따라서 **인식하는 것도 사람마다 다르다.** 그러니 누군가가 알려주기 전까지 자신의 편향을 알아차리지 못하는 것이다.

'에코 체임버echo chamber'란 SNS 등에서 자신과 비슷한 의견을 보고 들음으로써 기존의 의견이나 믿음이 강화되는 현상을 가리킨다. 이 현상은 인터넷이 출현하기 훨씬 전부터 존재했다. 우리는 언제나 필터를 낀 상태로 보고 들으면서 '보고 싶지 않고 듣고 싶지 않은 것은 차단한다', '떠올리고 싶은 것은 상기한다'는 편리한 방식을 추구해왔다.

눈에 들어오지만 보지 않는다. 귀에 들어오지만 듣지 않는다. 다양한 정보 중에서 자신에게 유리한 것만을 무의식적으로 택해서 그게 전부라고 믿는다.

이런 인지적 특성이 '말하면 전해지고 이야기하면 알아듣는 것'을 돕기도 하고 방해하기도 한다.

그렇게 말하면 못 알아듣습니다

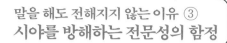

코로나 바이러스가 전 세계로 퍼지면서, 중요한 의사결정을 내려야 하는 경우가 많아졌다.

대학에서 학생들을 가르치는 나로서는 학부생들 강의나 대학원생의 연구를 어떻게 진행해야 할지 매번 고민에 빠졌다.

수업을 재개할 것인가 중지할 것인가, 대면으로 할 것인가 온라인으로 할 것인가.

감염에 대한 위험을 주의하면서 학생들이 배움을 멈추지 않는 것도 동시에 고려해야 했다. 나아가 사람과 만나지 않고 외출과 외식을 피하는 것이 정신 건강에 미치는 영향까지 따지려고 하니, 도대체 무엇을 기준으로 결정을 내려야 하나 걱정이 많았다.

신종 코로나 바이러스 감염증의 전문가도 아니다 보니 판단을 내려야 할 때마다 괴로웠다.

전문가들은 왜 같은 상황에서 서로 다른 말을 할까?

중요한 결정을 앞두고 고민할 때 많은 사람들이 '전문가 의견'에 귀를 기울이게 된다. 코로나와 관련해서는 특히 그런 경향이 강해서, TV 등의 매체에 이른바 '○○ 전문가'라는 사람들이 하나씩 불려 나와 자신의 의견을 발표해야 했다.

하지만 일반 시청자 입장에서는 '전문가'들이 서로 전혀 다른 이야기를 하니 신경 쓰이고 걱정도 됐을 것이다.

내가 고민했던 '수업을 어떻게 진행하는 것이 바람직한가'라는 물음에 대해서도, 질문을 받은 사람마다 의견이 다르다. '같은 데이터를 보고 같은 상황에 처해 있는데 왜 의견이 다른가?'라는 생각이 들어서 전문가를 불신하는 사람도 있을 것이다.

하지만 인지심리학을 전문으로 연구하는 사람으로서 말하자면, **전문가마다 의견이 다른 것은 당연한 일**이다.

A라는 분야의 전문가가 있다고 해보자. 그 전문가는 어떤 사람일까? A에 대해 폭넓은 지식을 갖추고, A와 관련된 정보에 풍부한

스키마를 가지고 있을 것이다.

따라서 어떤 데이터를 보거나 무언가에 대해 생각할 때도, 특정한 스키마를 통해 현상을 바라보기 때문에 사고방식에 특정한 경향성이 생긴다.

그 경향성은 어떤 분야를 전문으로 하는가(전문 분야가 A인지, B인지, C인지)에 따라서 완전히 달라진다.

🗨️🗨️ 전문 분야에 따라 견해가 다른 게 당연하다

감염증 전문가, 내과 전문가, 경제 전문가, 물류 전문가, 공중위생 전문가, 백신 전문가 등 다양한 분야의 전문가가 모이면 '이렇게 하는 것이 좋다'는 결론도 서로 다른 게 당연하다.

공중위생 전문가는 집에서 머무는 것을 이상적이라고 생각하지만, 경제 전문가는 이로 인한 경제활동의 침체를 걱정할 것이다.

크게 보면 '신종 코로나 바이러스의 확산을 막으면서, 경제활동이나 일상생활은 유지한다'는 목적은 같지만, 이에 대한 태도는 정반대다.

그런데도 '모든 분야를 아우르는 의견'을 알려달라고 하니까 전문가 입장에서도 난처한 것이다.

개인적으로는 '이런 역할은 정치에서 필요한 것이 아닐까?'라고

생각한다. 각자의 전문 분야에 맞는 의견을 듣고 경중을 따져서, 국가 입장에서 무엇을 중시할 것인지 결정하는 것이야말로 정치가 아닐까 싶다. 신종 코로나 바이러스 감염증 대책분과회장인 오미 시게루의 저서 《1,100일 동안의 갈등: 신종 코로나 팬데믹, 전문가들의 기록》(1100日間の葛藤 新型コロナ・パンデミック, 專門家たちの記録)에는 이와 관련된 속사정이 밝혀져 있었다.

2020년 2월, 후생노동성의 의뢰를 받은 오미 시게루 외 11명은 '신종 코로나 바이러스 감염증 대책 위원회'의 위원으로 취임했다. 며칠 뒤 회의가 열렸고 '대책 위원회의 신종 폐렴 대책(안)'을 곧바로 정부에 제출했다. 그 후 제2회, 제3회 전문가 회의가 열렸지만, 정부는 공식 입장을 발표하지 않았다. 오미 시게루는 대응책 없이 문제점만 지적하는 것은 시민을 불안하게 만들 뿐이므로 정부 입장에서는 신중해야만 했을 것이라고 생각했다.

그런 한편 일본 안팎에서 감염증 대책에 관여해온 입장에서, 불확실성이 있을 수밖에 없는 감염증에 대해 '무엇이 밝혀졌고 무엇이 밝혀지지 않았는가', '근거는 얼마나 있는가', '근거가 없을 때도 그 시점에서 최선의 판단을 내려야 하는 상황이 있는데, 그때 판단을 내리는 근거는 무엇인가'를 시민들에게 가능한 한 이해하기 쉽게 상세히 설명해야 한다고 봤다. 국가의 정책을 시민들이 이해하고 받아들이려면 그것이 필수라고 여겼다.

그렇게 말하면 못 알아듣습니다

그래서 당시 후생노동성 대신인 가토 가쓰노부에게 국가의 공식적인 견해가 아니라 전문가 개인의 견해를 발표해도 되는지 물었다.

통상적으로는 정부의 전문가 회의가 끝날 때마다 회장이 기자회견을 여는 일은 거의 없었다. 게다가 정부의 공식 입장이 발표되기 전이기도 했다.

그렇다 보니 전문가가 실명으로 자신의 견해를 밝히는 것에 대해 처음에는 후생노동성도 난색을 보였지만, 가토 대신의 허락을 받아 발표할 수 있었다. 전문가들의 의견이 공표되면서 시민들은 어느 정도 행동 지침을 얻게 됐으나, 한편으로는 성급한 발표였다는 비판에 살해 협박까지 있었다고 한다.

이런 사정이 있었지만, 정부가 공식 입장을 발표하지 않았기 때문에 정부에서 인정한 전문가뿐만 아니라 다양한 전문가들의 의견이 뉴스 등에서 난무했다. 결과적으로 '전문가마다 하는 이야기가 달라 누구를 믿어야 할지 모르겠다'고 생각하는 사람들이 생기기 시작했다.

신종 코로나 바이러스처럼 불확실성이 높은 사건이 앞으로도 일어나지 말라는 법은 없다.

그렇기 때문에 '전문가가 하는 말이니 사실이다'라고 맹목적으로 믿기만 하다가는, 관점이 한쪽으로 치우치거나 그 전문가의 분야 외에 다른 중요한 포인트를 놓치게 될 수 있다.

또는 '정부에서 하는 말이 맞겠지. 나까지 고민할 필요 없어'라는 태도를 보이는 것도, 스스로 생각하기를 방치하는 무책임한 자세다.

자신은 어떻게 행동할 것인지, 왜 그 행동을 취하는 것인지, 그 결과 어떤 일이 일어날 수 있는지, 그 일에 대해 어떤 태도를 가질 것인지 스스로 생각해보는 자세가 필요하다.

❞❞한 분야를 파고든다는 것은 한쪽으로 치우치는 일인가

신종 코로나 바이러스와 관련된 사례를 통해 전하고 싶은 말은, **업무에서든 연구에서든 '전문성을 추구한다'는 건 특정 분야를 깊이 파고든다는 의미라는 것이다. 이는 어떤 면에서는 관점을 치우치게 만드는 것이기도 하다.**

앞서 말했듯 인간의 관점은 편향돼 있다. 이 말에 '한쪽으로 치우치지 않고, 모든 측면을 볼 수 있는 관점을 가지는 게 중요하다'고 생각하는 사람이 있을지도 모른다.

하지만 그것이 언제나 올바른 길은 아니며 가능하지도 않다.

그렇게 말하면 못 알아듣습니다

인간은 그 분야의 전문가가 아니더라도 언제나 어떤 '입장'에서 대상을 보고 판단하기 때문이다. 게다가 한 사람이 하나의 입장만 가지는 것도 아니다.

앞서 언급한 《1,100일 동안의 갈등》에는 정부나 시민들과 소통할 때 겪는 어려움에 대해서도 쓰여 있다.

'무증상인 사람도 주변 사람을 감염시킬 가능성이 있다'는 것은, 감염의 확산을 막고자 하는 전문가 입장에서는 분명히 알리고 싶은 사실이다. 한편 정부 입장에서는 대응책 없이 불편한 진실만 공표하면 사람들에게 불필요한 불안을 심어줄 우려가 있다고 생각한다.

이런 입장 차이 때문에 갈등이 발생하는 가운데, 바이러스가 더 확산된 지역에서는 '현장에 혼란이 생기지 않도록 무증상자에 의한 감염 확산에 대해서는 언급하지 말아달라'는 뜻을 표명하고 있다는 소식도 들어왔다고 한다.

결과적으로 2020년 2월 오미 시게루의 발표에서는 '무증상'이라는 표현이 빠졌다. 그렇게 결정하게 된 경위를 두고 "팬데믹 초기부터 지자체와의 관계가 악화되면 이후에는 연대하기가 어려워질 것이라 생각했다"고 설명했다.

당시 오미 시게루는 감염증 전문가이자 정부 전문가 회의의 구성원이기도 했다. 그래서 이후에도 지자체를 비롯한 관계자들에게 감염증 대책에 협력해달라고 요청해야 하는 입장이었다.

전문가로서의 편향된 관점, 유식자 회의 구성원으로서의 편향된 관점, 국가 전체의 감염증 대책을 이끄는 사람으로서의 편향된 관점 등 각 입장에 따라 편향된 관점을 가지고 있기 때문에 더욱 깊이 있게 다면적으로 상황을 이해할 수 있었다. 깊이 있는 관점은 단순히 '한쪽으로 치우치지 않고, 모든 것을 공평하게 본다'는 태도로는 얻기 어렵다.

비즈니스 현장에서도 마찬가지다. 인간은 언제나 자신이 전문으로 하는 분야, 자신이 잘 아는 업무, 자신의 일이라고 생각하는 범위에 치우쳐서 생각하는 법이다. 그렇게 **편향된 관점이나 사고방식을 가진 사람들이 모여서 업무가 진행된다. 의견을 조율하고 양보하면서 더 넓은 관점을 얻을 수 있다.**

예를 들어 마케팅 담당자가 경쟁사가 택하지 않았으면서 높은 효과가 기대되는 마케팅 방식을 제안했을 때 다른 부서에서 다음과 같은 의견을 낼 수 있다.

A: 지금 당장 시작합시다.
B: 준비하는 데 한 달은 필요합니다.
C: 불가능합니다.

이처럼 서로 다른 의견을 내서 합의점을 찾지 못하는 건 어쩔 수 없는 일이다.

관점이 다른 상태에서 각자 자신의 주장만 반복해서는 서로를 전혀 이해할 수 없다. 무언가를 믿으면 믿을수록, 자신이 논리적이라고 생각하면 생각할수록 타인의 의견은 틀렸다고 판단한다. 그렇다 보니 상대방을 공격하게 되기도 한다. '왜 그렇게 생각하는 건지 도무지 이해가 안 돼!'라고 생각하기 때문이다.

이때 필요한 것은 새로운 마케팅 방식을 수단과 방법을 가리지 않고 매력적으로 또는 아주 상세하게 설명하는 것이 아니다. 대신 각자가 지금 어떤 관점에서 의견을 말하고 있는지 생각하고 경청하며 각자의 걱정을 불식하는 것이다.

우선 자신이 마케팅 담당자로서 무엇을 목적으로 새로운 방식을 제안하고 있는지 명확히 해야 한다. 그러고 나서 한 걸음 나아가 '상대방의 관점이 어느 쪽으로 치우쳐 있는지'를 고민해보자.

그렇게 하면 자신과 다른 생각도 너그럽게 받아들이고, 지금보다 조금은 더 자신의 틀에서 거리를 두고 상대방 의견에 귀를 기울이게 될 것이다.

이 과정을 통해서 B의 발언은 물류 측면에서 우려되는 점을 근거로 한다거나, C의 발언은 비용에 대한 걱정 때문이라는 등 각자의 입장에 따른 생각을 알게 되면, 말해도 전해지지 않고 이야기해도 알아듣지 못하는 현상을 극복할 수 있을 것이다.

💬💬 전문가·기업과
대중 사이의 의사소통

신종 코로나 바이러스 감염증 대책에서, '전문가(오미 시게루)와 행정(정부나 지자체)' 사이의 의사소통 외에 생각해봐야 하는 것이 있다. 바로 '전문가(오미 시게루·정부·지자체)와 일반 시민' 사이의 의사소통이다.

오미 시게루는 의사소통에서 경험한 어려움을 이야기하면서 '가능한 한 데이터에 기초해 제안서를 작성했는데, 자신을 비난하는 것으로 받아들이는 사람 때문에 비판을 받은 적이 있다'고 했다. 구체적인 예로 든 것이 젊은 층이다.

신종 코로나 바이러스는 젊은 연령층의 대부분은 감염돼도 경증이나 무증상에 그치는 경향을 보였다. 이런 이유로 젊은 층이 자신도 모르는 사이에 감염을 확산시킨 것 아니냐는 여론이 생겼다.

동시에 '코로나 감염 확산을 젊은 사람들 탓으로 돌린다'는 반대 여론도 커졌다.

오미 시게루는 처음부터 젊은 층을 탓하는 의견이 나올 것이라고 예측했다. 그래서 '젊은 무증상자 본인에게는 책임이 없다'는 뜻이 전해지도록 신경 써서 발언했지만, 그럼에도 젊은 층에서 왜 자신들을 비난하느냐는 볼멘소리가 터져 나왔다.

그의 의도는 감염증 확산을 방지하자는 것이었고, 발언도 데이터를 근거로 이뤄졌다. 젊은 사람들에게 상처를 주거나 그들의 잘못으로 몰아가려는 마음은 결코 없었다.

게다가 자신의 발언이 잘못 해석될 위험을 예측해 신중하게 표현했다.

그런데도 예상한 범위를 넘어서 전혀 다른 의미로 받아들이는 사람들이 있었다. 이런 상황은 '전문가-시민'이라는 구도뿐만 아니라 '기업(제품을 만드는 쪽)-이용자' 사이에서도 일어날 수 있다.

수년 전 유명 기업의 광고가 연이어 논란을 일으켰던 것도, 광고의 메시지를 받아들이는 사람마다 해석하는 방식에 차이가 있는데 기업이 그 위험성을 충분히 인지하지 못했기 때문이라고 볼 수 있다.

여기서 하고 싶은 말은 '오해를 불러일으키는 발언을 해서는 안 된다', '오해하는 쪽이 잘못이다', '설령 누군가에게 상처를 주게 되더라도, 목적이 정당하거나 데이터에 근거를 둔 이야기라면 괜찮다', '위험 요소를 미리 생각해두자'는 것이 아니다.

전문가인 이상 또는 어떤 입장에 처한 이상 '관점의 치우침'은 반드시 일어난다. 따라서 이로 인해 소통이 어려워질 때 어떻게 대처해야 하는지를 생각해보기 바란다.

모든 타인이 자신과는 다른 방향으로 편향된 지식, 관심사, 전문성을 가지고 있다. 그 사람들과 어떻게 타협해갈 것인가, 어떤 관계를 만들어갈 것인가. 이 질문은 직장인뿐만 아니라 모든 사람들이 고민해봐야 할 문제다.

인간은 기억하는 기계가 될 수 없다

집에서 키우고 있는 고양이에게 마이크로칩을 심기 위해 동물 병원을 방문한 적이 있다. 2022년 6월 이후부터 개나 고양이를 펫숍이나 브리더에게서 분양받으면, 마이크로칩을 삽입해야 한다는 뉴스를 봤기 때문이다.

평소에 다니던 동물병원에서 마이크로칩을 심은 뒤 리더기의 번호와 칩 번호를 대조했다.

그런데 웬일인지 번호가 맞지 않았다. "앗, 왜 이러지?"라며 수의사도 당황했다.

그러고 나서 몇 분 후에 놀라운 사실을 알게 됐다. 고양이에게는 이번에 심은 칩 말고도 다른 칩이 이미 삽입돼 있었던 것이다.

처음에 리더기로 확인했을 때 반응한 칩은 먼저 심어놨던 칩이었다. 새로운 칩도 나중에 반응을 보여 어떻게 된 일인지 밝혀졌다.

그러자 원래 있던 칩을 누가 언제 심은 것인지가 다음 문제로 떠올랐다.

오랫동안 다닌 병원이었지만 진료 기록에 남아 있는 것은 없었고, 수의사도 내 고양이에게 마이크로칩을 심은 건 처음이라고 했다. 그럼 대체 누가 한 것일까?

순간 그때까지 전혀 기억나지 않았던 사실이 번뜩 떠올랐다. 펫숍에서 데리고 올 때 펫숍의 업자가 심었던 것이다. 마이크로칩에 대한 설명을 들었으면서도 완전히 잊어버리고 있었다.

결국 새로 심은 칩은 빼야 했기에 고양이는 한 번 더 고통을 당해야 했다(미안해, 유키).

💬'인간은 망각하는 존재'라는
사실마저 망각한다

인간은 기억하는 기계가 아니다. 기억이란 매우 취약한 것이다. 어떤 일을 경험한 당시에는 '이 일은 절대 잊지 말아야지' 다짐해도, 시간이 조금만 지나면 까맣게 잊어버리고 마는 일이 빈번하다.

소중한 고양이에 대한 것도 기억하지 못하는 정도니, 하물며 의식하지 않은 일이라면 기억하는 경우가 더 드물다.

인간은 망각하는 존재인 만큼, **'인간은 망각하는 존재'라는 사실만이라도 기억해야 한다.** 업무에서도 그 외의 다른 상황에서도 마찬가지다.

예를 들어 부하 직원이 중요한 서류를 제출해야 하는 기한을 잊어버렸을 때, "오늘까지 제출하라고 지난달에 이야기했잖아! 왜 잊어버린 거야!"라며 엄하게 꾸짖는 것은 그다지 권하지 않는다. 애초에 '오늘까지 제출하라고 지난달에 말했다'는 자신의 기억이 옳지 않을 수도 있다. 다른 직원들이 오늘까지 제출했다고 하더라도, 당시 그 직원만 자리에 없어서 듣지 못했을 수도 있다.

게다가 그렇게 중요한 서류인데 지난달에 한 번 이야기하고 마감일까지 방치한 본인에게도 문제가 있다. 일주일 전이나 며칠 전에 상기시킬 수도 있었는데 말이다.

일을 잘하는 사람은 '상대방도 자신도 잊어버릴 가능성이 있다'는 사실을 안다. 그리고 이런 **문제를 방지하기 위한 방법을 미리 생각해 둔다.** 당신은 '나도 상대방도 잊어버릴 수 있다'는 전제하에 일을 하고 있는가?

잊어버리지 않는 것이 정말 중요한가

'왜 잊어버린 거야?'

중요한 일을 완전히 잊어버리게 되면 누구나 이렇게 자책한다.

일에서뿐만 아니라 가족의 생일 같은 기념일이나 약속을 잊어 버려서 계속 사과해야 했던 경험이 누구에게나 한 번쯤 있을 것이 다. 메모를 해두면 해결될까? 글쎄. 메모를 확인해야 한다는 것조 차 기억하지 못할 때가 있다.

무언가를 잊어버려서 초조했던 경험이나 혼났던 기억이 남아 있어서인지, 기억과 관련해 중요한 것은 '잊지 않는 것'이라고 생 각하는 사람이 많다.

실제로 나이가 들며 심해지는 건망증 때문에 고민인 사람도 많 고, 앞서 1장에서도 말하는 쪽은 기억해도 듣는 쪽은 잊어버린다 고 이야기했으니, 어떻게든 잊어버리지 않는 방법을 알고 싶어 하 는 것도 이해는 된다.

하지만 인지과학의 관점에서 보면 **'잊어버리는 것'은 매우 중요 한 능력**이다. 왜 그럴까?

잊어버리는 것이 인간에게 중요한 이유는, 우리가 기억할 수 있 는 용량이 실제로는 매우 작기 때문이다.

나는 교육에 혁신을 일으키겠다는 마음으로 'ABLEAgents for

Bridging Learning research and Educational practice'이라는 공동체에 참여하고 있다.

전 세계에서 인지과학을 중심으로 다양한 영역의 연구자들을 모아서, 실천적인 교육을 실행하는 사람들, 사회 변혁을 주도하겠다는 강한 신념을 지닌 사람들을 서로 연결해주는 공동체다. 2012년에 시작돼 코로나의 영향으로 최근에는 온라인을 중심으로 활동하는데, 이론이나 지식뿐만 아니라 경험도 공유함으로써 새로운 지식이 창조되기를 기대하고 있다.

2021년, 인지과학자이자 미국 브라운대학교의 교수인 스티븐 슬로먼을 ABLE에 초대한 적이 있다.

슬로먼 교수는 인간의 기억 용량은 '1GB' 정도밖에 되지 않는다고 했다. 편의점에서 6,000원이면 살 수 있는 16GB USB 메모리는 인간의 16배나 되는 기억 용량을 가진 셈이다. [자세한 내용은 그의 저서 《지식의 착각》(필립 페른백·스티븐 슬로먼, 2018)을 참고하기 바란다.]

최신 아이폰은 가장 용량이 작은 모델도 128GB나 된다. 인간이 128명 모여야 비로소 아이폰 한 대(그것도 가장 낮은 스펙)와 기억력으로 승부를 겨뤄볼 수 있다는 뜻이다. 이렇듯 인간은 기억 저장 장치라고 볼 수 없다.

용량이 꽉 찬 메모리나 스마트폰은 저장된 데이터를 지우거나 새로운 메모리로 교체하면 된다.

'기억 용량 대회'에서 인간의 성적은?

그렇게 말하면 못 알아듣습니다

반면 인간의 뇌는 새로운 것으로 교체할 수 없으니 저장된 데이터를 어떻게든 처리하는 것 말고는 다른 방법이 없다. 그렇다고 전자기기처럼 화면을 보면서 보관할 정보와 삭제할 정보를 구분할 수도 없는 노릇이다. 결국 필요하다고 판단한 정보는 남기고 불필요하다고 판단한 정보는 지우는 작업이 매일, 아주 자연스럽게 일어난다.

이런 정보의 대사(代謝)는 인간에게 꼭 필요한 과정으로, '잊지 못하는 것'은 때때로 치료의 대상이 되기도 한다. 트라우마 같은 것이 그렇다. 어떤 일 때문에 너무 큰 충격을 받아서 잊고 싶어도 잊지 못하는 것이다.

게다가 그렇게 기억된 것이 사실이 아닌 경우도 있다. 앞서 설명했듯이, 이해와 기억은 스키마의 영향을 받기 때문이다. 아픈 기억, 게다가 사실도 아닌 일 때문에 오랫동안 괴로워하는 것은 매우 힘든 경험이다.

💬💬 잊어버리기 때문에 알 수 있다

인간의 기억이 어느 정도 허술하다는 것은 우리에게 도움이 되기도 한다.

최근에는 얼굴로 본인 인증을 하는 등의 AI 기술이 발달하고 있다. 눈, 코, 입의 위치나 각 부분의 크기를 바탕으로, 등록된 정보와 본인을 대조하는 작업이 이뤄진다.

정말 대단한 기술이기는 하지만, 20년 전에 등록된 얼굴과 대조해 동일 인물인지 확인할 수도 있냐고 묻는다면 아마도 어려울 것이라고 본다.

반면 인간은 20년 만에 만난 동창의 얼굴을 보면 대충 누구인지 떠올릴 수 있다.

또는 코로나 방지를 위해 줄곧 마스크를 쓴 상태에서 만난 사람이라도, 마스크를 벗은 모습을 보고 대략 누구인지 구분할 수 있다.

이렇듯 '엄밀하게 따지면 다른 대상'을 기억 속에서 끄집어내 눈앞의 대상과 '동일 인물'이라고 인식할 수 있는 것은, 인간이 망각하는 존재라는 전제하에 중요한 것이나 본질적인 것만을 기억하고 상기하기 때문이다. 우리는 누군가와 직접 만나서 대화할 때 상대방 얼굴의 세부적인 부분까지 기억하지는 않는다. 그런데도 다음에 만났을 때 그 사람을 알아본다. 오랫동안 만나지 못한 경우에도 대부분은 누구인지 알 수 있다.

이런 유연함 역시 인간이 망각하는 존재라는 특성과 밀접하게 연관된다.

그렇게 말하면 못 알아듣습니다

🗨🗨 꼭 기억해야 할 때
유용한 기억법

망각이 인간의 중요한 능력이라고는 하지만, 기억 용량이 작다는 점은 '말하면 전해지고 이야기하면 알아듣는 것'을 방해하는 주범이다.

들었는데도 잊어버리는 사태가 일어날 수 있기 때문이다. 이 문제는 어떻게 해도 막을 방법이 없으므로, '잊어버려도 문제가 생기지 않도록 여러 도구를 활용해 기록해두고 그 기록을 확인하는 습관을 들인다', '자신에게도 상대방에게도 반복해서 상기시킨다' 같은 식으로 대처하는 수밖에 없다. 다만 바쁜 일상에서 실천하기 어려운 것이 사실이고, 완벽하게 해내고자 한다면 다른 일에 지장을 줄 수도 있다.

참고로 '세계 기억력 대회'가 열리기도 하듯이, 단시간에 대량의 정보를 기억하는 방법이 있기는 하다.

기억의 달인이 쓴 책이 여러 권 출간되고 있는데, 거기서 소개하는 '대량의 정보를 한 번에 입력하는 유명한 방법'이 있다. 로마인은 '장소법'이라 불렀고 이후에 '기억의 궁전'으로 이름 붙여진 기억법이다.

자신에게 익숙한 공간을 떠올리고, 그곳에 기억하고 싶은 것을 배치하는 방법이다. 예를 들어 마트에서 사야 할 '바나나, 세제, 달

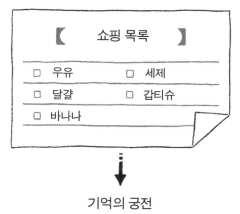

기억의 궁전

자신에게 익숙한 공간에 물건을
하나씩 연결 지어서 기억한다.

대량의 정보를 한 번에 입력하려면 기술이 필요하다.

그렇게 말하면 못 알아듣습니다

걀, 갑티슈, 우유'를 기억하고 싶다면, '우리 집 현관문 손잡이에 바나나가 걸려 있다'부터 시작해, '거실에는 세제 거품이 일고 있고, 복도에는 우유가 엎질러져 있으며, 계단에는 달걀이 깨져 있다'는 식으로 풍경을 그려보는 것이다. 다시 떠올릴 때는 바나나가 걸려 있는 현관문 손잡이를 돌리면 된다.

기억의 궁전에 물건을 둘 때는 '재밌고, 별나고, 기상천외할수록 좋다'고 한다. [《1년 만에 기억력 천재가 된 남자》(조슈아 포어, 2016)]

반면에 이런 기억의 달인들은 '잊어버리기'도 적극적으로 시행한다.

예를 들어 일본에는 '백인일수 카루타(일본의 전통적인 정형시인 '와카' 100수를 선정해, 100장의 카드에는 각 시인의 초상화와 시구를 넣고 또 다른 100장의 카드에는 같은 시구의 상구와 하구 중 하구만 넣어서, 두 카드의 짝을 맞추는 게임-옮긴이)' 대회가 있다. 참가자는 자기 앞에 놓인 카드의 위치를 암기해야 하는데, 그다음 시합에서 이전 시합의 카드 위치가 기억에 남아 있으면 잘못된 위치의 카드를 고를 위험이 있다. 따라서 이전 기억을 지우고 새로운 기억을 덮어쓰는 훈련이 필요하다.

단순히 '기억하는 것이 좋다'는 것과는 다른 관점의 기억(그리고 망각) 능력이 필요하다.

💬 신체의 일부가 될 때까지
반복해 암기한다

　일본 장기 기사인 시마 아키라 9단이 쓴 책에는 장기 공부를 한 방법이 소개돼 있다. 장기는 그야말로 방대한 양의 기억이 요구되는 종목이다. 얼마나 많은 판세를 경험하고 기억하는가, 시합 중에 그것을 떠올릴 수 있는가가 승부를 가른다고도 한다.

　그 책에서 시마 아키라는 '기보를 철저하게 암기한다'고 했는데, 이때 '암기'란 우리가 일반적으로 생각하는 것과는 매우 다르다.

　어떤 정석을 배웠다면, 완벽히 재현할 수 있을 때까지 몇 번이고 고민하며 재현해본다. 그리고 '자신의 입장과 대국 상대의 입장'에서 시행한다.

　정석을 몸에 익히기 위해서 누군가의 기보를 활용해, 승리한 쪽 입장은 물론 패배한 쪽 입장에서도 재현하는 것. 시마 아키라는 이 정도까지 했을 때 암기한 것으로 봤다.

　일반적으로 생각하는 암기와는 다르다. 분석하고 가설을 세우고 검증하는 것, 또는 기억에 이름표를 붙여서 범주화하는 것이라고도 할 수 있다.

　이렇듯 암기라는 단어는 매우 넓은 범위에서 사용되는데, '암기하는 것은 좋은가'라는 논의에서는 이 암기라는 말의 정의가 불분명한 듯하다.

문자 그대로의 암기라면, 통째로 암기했다고 해서 몸에 익혀지지는 않는다. 외우는 것에서 더 나아가 몸에 익을 때까지 반복하고 분석하고 검증하는 것. 그렇게 함으로써 중요한 부분이나 기존 지식에 연결 지을 수 있는 부분은 기억에 남고, 그렇지 않은 부분은 지워진다.

인간의 기억에는 용량이 작다는 점 말고도 또 다른 특징이 있다. 바로 **한번 기억에 남은 것이라도 사소한 일을 계기로 조작된다는 점**이다.

실험 참가자에게 자동차가 전봇대에 부딪히는 비디오를 보여준 후에 그 장면을 얼마나 정확하게 기억하는지 확인하는 '목격자 기억'과 관련된 실험이 있다. 앞에서 소개한 적 있는 미국 워싱턴대학교의 로프터스 교수팀이 진행한 실험이다.

실험 참가자에게 비디오를 보여준 다음에 '헤드라이트가 부서

그렇게 말하면 못 알아듣습니다

지는 것을 봤는지' 확인하고자 다음과 같이 관사를 바꿔가며 질문했다.

Did you see **a** broken headlight?
Did you see **the** broken headlight?

이렇게 질문했을 때 정관사 'the'를 사용한 문장으로 질문을 받은 쪽이 '봤다'고 답하는 비율이 더 높았다. 왜 그럴까?

영어가 모국어인 사람에게 'a'와 'the'에 함축된 의미는 완전히 다르다. 'the'는 그것이 있었다는 사실을 전제로 한다. 즉 '있었는데 그것을 봤는가?'라는 의미로 받아들여진다. 한편 'a'는 중립적으로 '봤는가?'라고 묻는 것이다.

어떤 문장을 들었는지에 따라서 같은 영상을 본 사람들의 기억이 달라진다. 상대방이 사용한 관사 하나가 실험 참가자의 기억을 조작한 것이다.

여기서는 영어를 예로 들었지만, 일본어에서도 비슷한 현상이 발생할 수 있다. 어떤 사건의 목격자가 됐을 때 "긴 머리 여성이 현장에 있었습니까?"라는 질문을 받은 경우보다 "그 긴 머리 여성이 현장에 있었습니까?"라는 질문을 받았을 때 여성이 실제로 현장에 있었는지와는 상관없이 '분명히 어떤 여자를 현장에서 봤어'라는 생각이 들 것이다.

'전혀 그런 생각이 안 드는데? 그럴 리 없어'라고 생각하는 사람일수록, 자신도 모르는 사이에 기억을 조작하고 있는 것일지도 모른다.

어느 날 업무차 방문한 회의실에 대해서 "방에 있던 시계는 흰색이었나요? 아니면 검은색이었나요?"라는 질문을 받으면, 대부분의 사람들이 색은 기억하지 못하더라도 '시계가 있던 방'이라는 인식을 가지게 된다.

며칠 후, '당신이 방문했던 날에는 회의실에 시계가 없었다'는 이야기를 듣고, 그게 사실이라 하더라도 '그럴 리 없다'고 생각하는 사람이 많을 수 있는 것이다.

💬💬 믿음이 만들어지는 사소한 계기

누군가에게 들은 말만 기억을 조작하는 것은 아니다. **자신의 감정 또한 기억을 조작하는 요인 중 하나**다.

지인인 T에게서 흥미로운 일화를 들었다.

대학 때 친구인 N과 오랜만에 만나서 학창 시절 이야기를 나눴다고 한다. 참고로 N의 아내도 같은 대학교의 동아리 친구였다.

그렇게 말하면 못 알아듣습니다

그날 우연히 동아리 여름 합숙에 대한 말이 나왔는데, T는 여름 합숙을 떠올리는 것 자체가 무려 30년 만이었다. T가 기억해낼 수 있는 것은 고작 '바닷가 민박집에서 잤다'는 정도였던지라, N이 어떤 이야기를 꺼낼 때마다 '그런 일이 있었어?'라는 반응밖에 할 수 없었다.

아내의 옛날이야기와 함께 전해지는 N의 추억은, 에피소드도 다양하고 아주 상세해서 놀라울 정도였다.

이런 일은 드물지 않게 일어난다.

T처럼 과거를 떠올리는 빈도가 적으면 기억은 점차 흐려진다. 한편 N은 아내와 함께 여름 합숙에 대한 이야기를 할 기회가 있어서 그 시절을 몇 번이고 상기했을 것이다. 게다가 두 사람에게는 좋은 추억이기도 했을 것이다.

다만 N처럼 여러 번 떠올려봤다고 해서 기억이 사실대로 보존됐다고 보기는 어렵다. 그 시절을 상기했을 때 외부에서 새로운 정보가 더해지면 최초의 기억 자체가 왜곡되기도 한다.

N처럼 부부가 자주 추억 이야기를 하는 경우, 한쪽이 잘못된 기억을 가지고 있다면 그 기억이 다른 한쪽에게 새겨지기도 한다. 그렇다 보니 부부가 이야기를 하는 동안 사실과는 다른 방향으로 기억이 조작되는 일이 종종 있다.

대부분의 사람들에게는 별것 아닌 일도, 두 사람의 만남에 중요하게 작용한 사건이라면 기억은 각색돼 특별한 추억으로 남는다. 물론 두 사람은 기억을 조작하고 있다고 생각하지 않는다.

이는 '믿음은 어떻게 만들어지는가'를 보여주는 아주 좋은 사례다. 감정이라는 것은 이런 식으로 기억을 왜곡시키는 주요 원인이기 때문이다.

❝ '왜'로 시작하는 추측을 사실처럼 기억한다

인간은 본래 어떤 현상의 이유나 인과관계를 추측한다. 부정적인 감정에 사로잡히면 '왜 이런 일이 일어나는가'에 대한 추측도 부정적으로 각색된다. 그리고 자신의 추측이 사실인 것처럼 기억한다.

예를 들어 '선생님이 주의를 줬다'는 사실이 '선생님이 언성을 높이며 혼을 냈다'는 기억으로 바뀌기도 하고, '상사에게 의논할 일이 있어서 찾아갔더니 마침 바쁜 업무를 처리 중이던 상사가 나중에 이야기하자고 말했다'는 사실이 '상사는 내 이야기를 들어주지 않는다'거나 '나를 피한다'는 믿음으로 바뀌기도 한다.

부정적인 감정과 연관된 기억을 떠올릴 때마다 부정적인 감정이 더해져서 악순환에 빠지는 경우도 있다. 정도가 심해지면 혼자 힘으로는 벗어나기 어려워지기도 한다.

종종 '자세히 설명해줬는데도 상대방이 이해하지 못하고', '아무리 따져봐도 내 생각이 맞는데 상대방에게 전해지지 않는' 상황에 처한다. 오랫동안 같은 직장에서 일하며 자기 나름대로 전문 지식을 쌓아온 사람들끼리도 마찬가지다.

왜 이런 사태가 벌어지는 것일까? 1장에서 설명했듯이 의사소통 과정에 각자의 스키마가 개입하기 때문이다.

반복해서 말하지만, 스키마란 우리가 대상을 이해할 때 백그라운드에서 작동하는 기본적인 지식과 사고의 틀로, 때때로 필터로 작용해 의사소통에 지장을 줄 때가 있다.

편견, 선입견, 왜곡된 데이터, 일방적인 믿음, 오류를 낳는 인간의 이와 같은 인지적인 경향을 '인지 편향'이라고 한다. 인지 편향의 종류는 다양한데, '과도한 일반화'를 설명할 때 언급한 '대표성 편향'도 인지 편향 중 하나다.

❝❝ 모든 판단에 우선하는 '신성한 가치관'

앞서 소개한 스티븐 슬로먼의 저서 《지식의 착각》에서는 다양한 '인지의 함정'을 다룬다. 여기서는 인지 편향과 관련된 부분을 이야기해 보겠다.

임신 중절 수술을 법적으로 허가할 것인가는 미국의 여론을 두 가지로 가른 화두다.

그런데 슬로먼 교수에 따르면 이 문제에 대해 개개인이 스스로 정책을 검토하고, 정책이 초래할 결과를 예측하고 나서 '찬성 혹은 반대'를 표현하는 것은 아니다. 대신 자신의 '신성한 가치관'에 따라 찬반을 결정하고, 결정을 정당화하기 위해 이유를 찾는 경우가 많다.

누군가는 '임신 중절은 태아를 살해한 것과 다름없다'는 신성한 가치관을, 또 다른 누군가는 '여성은 자신의 몸을 지킬 권리가 있다'는 신성한 가치관을 가지고 있다.

신성한 가치관을 전제로 내린 판단이기 때문에, 많은 사람들이 자신의 결정에 자신감은 있지만 그 결정을 내리게 된 이유를 논리적으로 설명하지는 못한다.

자신과 반대되는 주장을 하는 사람이 아무리 새로운 지식이나 정보를 제공해도, 대부분의 경우 기존의 판단에 영향을 받지 않는다. 나아가 자신의 주장을 논리적으로 반박하는 것도 들으려고 하지 않는다.

슬로먼 교수는 신성한 가치관이란 '어떻게 행동해야 하는가에 대한 가치관'이자, '대상을 과도하게 단순화하기 위한 도구'라고 지적했다.

즉 심사숙고한 끝에 내린 결론이라고 가장하면서, 실제로는 자세한 인과 분석이라는 귀찮은 수고는 줄이고 자신의 가치관에 따라 자동적으로 결론을 내려온 것이다. 증거를 따져보는 등의 사고 과정은 '거의'라고 해도 될 정도로 거치지 않는다.

그리고 안타깝게도 **신성한 가치관으로 대상을 단순화하는 것은 일상생활에서 빈번하고 무의식적으로 일어난다.**

💬 가치관을 강요하지 말라는
또 하나의 강요

2022년 말, 일본의 한 지역에서 이주민을 대상으로 발표한 공식적인 안내문이 화제가 된 적이 있다.

안내문에는 지역의 주민이라는 의식을 가지기 바란다는 것, 도시에서 생활할 때보다 자연(폭설 등)의 영향에 주의를 기울여야 한다는 것, 도시와는 달리 인간관계가 깊고 서로 도우려 한다는 점을 이해해주기 바란다는 내용이 실려 있었다. 이주 후에 문제가 일어나지 않도록 신경 써야 하는 점을 미리 알리려는 의도의 공지였다.

안내문이 화제가 된 데는 여러 이유가 있겠지만, 내가 주목한 것은 '도시생활을 하며 가지게 된 가치관을 지역 주민에게 강요하지 말라'는 식의 가치관에 관련된 내용이었다.

이 지역에서는 지금까지 원주민과 이주민 사이에 많은 문제가 발생했던 것으로 추측할 수 있다. 그러면서 고생을 한 사람도 꽤 있었을 터다.

안내문에서 '신참자는 당연히 우리에게 맞춰야 한다'는 가치관이 엿보여 반감을 느끼는 사람도 있겠지만, 이 지역의 주민들에게는 자신들의 관습이 '신성한 가치관'일 것이다.

앞서 설명했듯이, 신성한 가치관이란 '어떻게 행동해야 하는가에 대한 가치관'이자 '대상을 단순화하는 도구'다. 이런 가치관이 있다면 무슨 일이든 단순하게 생각할 수 있다. 즉 '이 지역이 시대 변화에 따라서 또는 도시에서 생활하던 사람을 받아들이면서, 어떤 식으로든 변화해야 하는 것 아닐까'라는 문제 제기를 하지 않아도 된다.

신성한 가치관 앞에서는 '이 지역의 생활 방식'이 정답이고, '개인의 사생활에 대해 또는 도시나 다른 지역의 가치관에 대해 어떻게 생각하는가?'라는 불편한 질문을 피할 수 있다. 자신과 다른 가치관을 깊은 고민 없이 가볍게 부정할 수 있는 것이다.

🗨️ 특히 주의해야 할 '근거 없는 자신감'

신성한 가치관은 일상생활에 널리 퍼져 있다. '우리 동네'라는 주체가 '도시'로 바뀌기도 하고, '우리 회사', '한국인'으로 바뀌기도 한다.

현재 일어나고 있는 국제 분쟁도 신성한 가치관이 하나의 원인으로 작용했다고 볼 수 있다. 예를 들어 러시아는 우크라이나와 합병하는 것이 정당하다고 생각한다. '하나의 중국'이라는 중국의 신성한 가치관 때문에 대만과 관련된 문제가 발생하기도 한다.

이 문제를 해결하기 어려운 이유는 **양쪽 모두 '자신이 옳다'고 믿**

기 때문이다. 말하는 쪽과 듣는 쪽이 각자 신성한 가치관을 가지고 있다면, '이야기하면 알아들을 것'이라는 기대가 이뤄지기란 하늘의 별 따기다. 대화를 나눌수록 상대방을 '말귀를 못 알아듣는 사람'이라고 생각할 뿐이다.

이 현상은 인간의 사고 편향 중에서 **'신념 편향'**에 해당한다.

누구나 이와 같은 편향을 통해 대상을 바라본 적이 있을 것이다.

중요한 판단에 대해서 근거를 설명하기 어려울 때가 있는가? 아마도 인지의 필터가 과도하게 작동하고 있을 가능성이 높다.

회사에서 직원들 사이에 언쟁이 벌어졌을 때, 양쪽 입장을 모두 들었으면서도 평소에 성실했던 직원의 주장에 더 마음이 가지 않는가?

자신에게 걸려 있는 필터를 알아차리는 일은 쉽지 않다. **가치관이 아니라 결론에 초점을 맞추고, 결론에서부터 거슬러 올라가며 생각해보는 것.** 그렇게 자신의 사고 과정을 되돌아보고, 결론에 도달하게 한 근거를 따져봐야 한다.

이런 식으로 사고한다면, 신념 편향에 사로잡힌 일방적이고 강압적인 주장을 하지 않을 수 있다.

❝❝ 어떻게 신념이 편향으로 바뀔까?

지금까지 '신념 편향'에 대해 알아봤다. 그렇다면 '신념'과 '신념 편향'은 무엇이 다를까? 일견 비슷해 보이는 두 개념을 어떻게 구분할 수 있을까?

여러 방식으로 생각해볼 수 있겠지만, 나는 그 차이를 가르는 것이 '타인의 가치관과 맺는 관계성'이라고 생각한다.

바꿔 말하면 신념이란 '나는 이렇게 할 것이다'라는 의미고, 신념 편향이란 '내가 이렇게 하듯이 타인도 이렇게 하도록 만들 것이다'라는 의미다. 자신에게 옳은 것은 신념, 자신에게 옳은 것이 누구에게나 옳다고 믿는 것은 신념 편향이라고 할 수 있다.

앞서 소개한 동네의 예로 설명하자면, 예전부터 살고 있는 사람들이 믿고 있는 것은 신념이다.

그런데 새롭게 이사 온 사람에게 '이 동네는 이런 곳이니까 이사올 거라면 이런 식으로 생각해주세요. 그 외의 다른 의견은 인정하지 않습니다'라고 강제한다면 신념 편향이 된다. 이사를 온 사람도 동네의 구성원인데 그 사람의 생각은 전혀 고려하지 않고 의견을 묵살하는 것이다. 그 태도가 신성한 가치관으로 이어진다.

이를 비즈니스 상황에 접목해보자. 어떤 기업이 '우리는 이러이러한 이념과 비전을 가지고 행동한다'고 하는 것은 신념이다. 최근 들어 일본의 비즈니스 업계에서는 '목표purpose'를 주목하는데, 기업의 구성원 전체가 하나의 목적과 목표를 향해 나아가도록 이끄는 것은 경영진의 중요한 역할이다.

하지만 개인의 사정을 고려하지 않고 기업의 이념이나 비전과 조금이라도 다른 구성원을 부정하며, 기업의 가치관만 강요하고 그 외의 가치관을 거부한다면 이야기는 달라진다.

다만 '자신의 신념을 타인에게 강요해서는 안 된다'는 신념이 극단적으로 작용하면, 다른 사람이나 다른 나라의 사고방식과 행동에 아예 의견을 내지 못하게 될 수 있으므로 주의해야 한다(이렇게 상대주의가 극단적으로 작용한 인지 방식을 '상대주의 편향'이라고 하며 자세한 설명은 132쪽에서 다루겠다).

'자신의 신념을 타인이나 사회가 당연히 지켜줘야 한다'고 주장하기 전에, 어디까지가 개인이 지켜내야 하는 범주고, 어디까지가 사회나 세계의 평화 유지를 위해 따라야 하는 규범인지 생각해봐야 한다.

그러기 위해서 인간은 누구나 신념 편향을 가지고 있다는 점, 자신도 예외는 아니라는 점, 전문가 역시 신념 편향에 따라 의견을 낼 가능성이 높다는 점을 이해하고 의식해야 한다.

인간에게는 신념 편향 외에도 다양한 인지 편향이 존재한다. 알아두면 자신의 행동을 되돌아보는 데 도움이 될 만한 인지 편향 몇 가지를 소개한다.

❝❝ '타인의 지식＝자신의 지식' 이라고 착각한다

슬로먼 교수는 '**많은 사람들이 자신이 가진 지식과 자신의 외부에 있는 지식을 구별하지 못한다**'고 지적하며, 이 현상을 '지식의 착각' 이라고 불렀다. 전문가의 의견을 자신의 의견인 것처럼 말하는 경우가 대표적인 예다.

  얼마 전, 지인인 직장인 M이 '타인의 지식=자신의 지식 편향' 때
문에 어려움을 겪은 이야기를 들려줬다. 업무 적성, 인간관계, 커리
어 때문에 고민하는 후배 I가 "회사를 그만두고 싶어요…"라며 M
에게 고민을 털어놨다. I의 업무 능력을 평가해온 M은 커리어 플
랜을 제안하면서 "조금만 더 버텨보는 게 어떨까?"라며 설득해보
려고 했다. 그러자 I는 곤란한 표정으로 "하지만 선배는 인사나 커
리어 쪽 전문가는 아니잖아요?"라고 답했다.

  그 말을 들은 M은 충격을 받기는 했지만 '그건 그렇지'라며 곧바
로 수긍했다. M이 I를 설득하기 위해 했던 이야기는 자신의 경험
이나 전문 지식을 바탕으로 한 것이 아니었다. 커리어란 이러이러
해야 한다는 일반론과 책이나 기사에서 읽었던 내용에 M의 의견
을 더한 것이었다.
  후배인 I 역시 정말 커리어에 대한 상담을 하고 싶었다면 그 분
야의 전문가를 찾아갔을 것이다.

  그렇다면 I는 M을 왜 찾아간 것일까? 바로 자신의 이야기를 들
어주기를 원해서였다. M은 이야기를 듣는 역할이지 조언하는 역
할은 아니었을 것이다. 또는 커리어 전문가를 소개해주는 정도여
도 좋았을 것이다.

어느 쪽이든 I는 M의 의견을 듣고 싶었던 것이 아니었다.

물론 M에게 악의가 있거나 I를 자신의 뜻대로 움직이게 하려는 의도가 있었던 것은 아니다. 그런데도 무의식적으로 타인의 지식을 빌려서 자신의 의견인 것처럼 이야기하고 말았다. 이것이 편향의 무서운 점이다. M은 I의 날카로운 지적을 통해 자신에게 '타인의 지식=자신의 지식 편향'이 있다는 사실을 알게 됐다. 하지만 비슷한 상황에서 후배나 부하 직원을 위하는 마음이 강할수록 '기껏 진심으로 상담해줬건만 그런 식으로 반응하다니!'라며 괘씸하게 느끼는 사람도 있을 것이다.

유사한 현상이 이해와 관련해서도 일어난다. 우리는 주위 사람들은 이해했는데 자기 혼자서만 이해를 못 했을 때도 자신이 이해했다고 믿는 경향이 있다.

일이든 일상생활이든, 누구 한 사람의 지식과 이해가 아니라 여러 전문가의 지식과 이해를 바탕으로 이뤄진다. 이런 지식 공동체와 자기 자신을 동일시하는 것이다.

우리는 겉핥기식으로 접한 것을 마치 자신이 잘 알고 있는 양 이야기할 때가 있다. TV에서 본 전문가의 의견을 자신의 의견인 듯 말하기도 한다.

사실은 잘 알지 못하면서 무의식적으로 이런 태도를 취해서 의사소통을 실패로 이끌 때도 있다. 또한 극히 한정된 지식만 가지고도 그 이야기를 반복해서 하다 보면 마치 자신이 잘 아는 듯 기억이 조작될 때가 있다는 것은 지금까지 설명해온 내용과 일맥상통한다.

결국 자신이 실제로는 어디까지 이해하고 있는 것인지 도무지 알 수 없게 된다.

이런 편향이 전적으로 잘못된 것은 아니다. 인간도 동물이기 때문에 이 세상에서 살아남는 것을 최우선으로 한다. 완벽하게 이해하기 위해 1년 동안 공부하는 것보다, 완벽하지는 않더라도 적당히 괜찮은 판단을 내릴 수 있을 정도의 지식을 하루 만에 얻는 쪽이 생존에는 훨씬 유리하다(물론 그 지식이 극단적이지 않고 대체로 올바른 경우에 한해서 말이다). 이와 같은 동물로서의 생존 방식이 '타인의 지식=자신의 지식 편향'의 근간에 있는 것은 아닐까.

'타인의 지식=자신의 지식 편향'을 알아차리는 것은 중요하다. 자신의 지식은 전문가의 지식과 다르다는 사실을 자각해야 한다.

상담을 해줄 때는 입보다 귀를 활짝 연다

앞서 소개한 커리어 상담과 같은 일화를 들으면, '고민을 상담하러 온 사람에게 아무 말도 못 해주겠다'는 생각이 들기도 할 것이다. 이렇게 자신에게 '타인의 지식=자신의 지식 편향'이 있다는 것을 알게 된 경우, 주위 사람이 고민 상담을 해오면 어떻게 행동해야 할까?

상대방의 고민을 들어주는 입장이 됐을 때 가장 먼저 필요한 것은 '듣는 자세'다.

불안에 떨고 있거나 고민에 빠져 있을 때, 우리는 누군가가 자신의 이야기를 들어주기를 바란다. 또한 이야기를 털어놓는 것만으로도 기분이 한결 가벼워질 때가 많다.

업무나 인간관계와 관련된 걱정거리를 혼자서 끌어안고 있는 것은 누구에게나 괴로운 법이다. 어떤 고민이든 말로 표현하면 마음이 가벼워지기도 하고, 말하는 동안에 생각이 정리되기도 한다. 그러니 상대방도 당신이 이야기를 들어주기를 바라는 것이다.

인간은 자신의 이야기를 하고 싶어 하는 존재다. 대부분의 사람들이 남의 이야기를 듣는 것보다 자신의 이야기를 하고 싶어 한다. 하지만 중요한 것은 상대방의 이야기를 듣는 것이다. 이는 매우 어려운 일이므로 **'이야기를 잘 들어야지'** 의식하며 최선을 다해 들어야 **한다.**

의사소통의 출발점은 상대방의 이야기를 듣는 것이라고 해도 과언이 아니다.

💬 상관관계를 인과관계로
오해한다

A와 B라는 두 가지 사건이 순차적으로 일어나면, 우리는 자연스럽게 두 사건 사이에서 관련성을 찾으려고 하는 경향이 있다. 우연히 빨간색 옷을 입고 나간 날 좋은 일이 생겼다면, '빨간색 옷을 입으면 좋은 일이 생긴다'고 믿는 것이 전형적인 예다.

인과관계가 아닌 것(허위상관)을 인과관계처럼 다루는 실수는 실제로 자주 일어난다.

인과관계란 A가 B라는 결과를 발생시키는 직접적인 요인인 경우를 가리킨다. 한편 허위상관이란 A와 B 사이에 또 다른 요인인 C가 있고, 실제로는 C가 A, B와 각각 상관관계가 있으므로, A가 B를 직접 발생시킨 것이 아닌데도 A와 B 사이에 직접적인 인과관계가 있는 것처럼 보이는 경우를 가리킨다.

아동의 학습 능력을 측정하는 조사에서 '집에 책이 얼마나 있는가'라는 지표가 학습 능력과 상관관계가 높은 것으로 알려져 있다. 과거의 다양한 연구에서도 보고된 매우 뚜렷한 경향이다. 아동이 학습에서 겪는 어려움을 밝히기 위해 우리 연구팀이 실행한 조사에서도 가정에 있는 책의 수량과 학습 능력 사이에 상관관계가 높다는 사실이 밝혀졌다(180쪽 참고).

조사 결과를 인과관계로 이해하면, '부모가 책을 산다 → 자녀의 학습 능력이 높아진다'고 해석하게 된다. 이 해석에 따라 '책은 안 좋아하지만 돈이 많아 집에 도서관을 만든 가정'에서 자란 자녀는 똑똑해질 수 있을까? 물론 그렇게 되지는 않을 것이다.

부모가 책을 사는 행동을 하는 배경에는 다른 요인이 존재한다. 바로 학력, 수입, 지적 호기심 등이다. 이 요소들이 실제로 자녀의 학습 능력에 영향을 준다. 소장하고 있는 책의 수량과 자녀의 학습 능력은 어느 정도 관련이 있지만(즉 상관관계가 있지만), 그 관계는 간접적인 것으로 직접적인 인과관계는 아니다.

상관관계에 비해 진짜 인과관계는 세상에서 그리 쉽게 찾을 수 있는 것이 아니다.

그럼에도 이런저런 현상이 마치 인과관계인 것처럼 전해지고, 그럴듯한 이야기로 만들어지고 있다.

좋은 결과가 나오지 않는 것은 노력이 부족하기 때문이다.(노력과 좋은 결과는 인과관계라고 믿음)

A사와 계약이 중단된 것은 담당자가 게으름을 피웠기 때문이다.

이 기획서가 통과되지 않은 것은 ○○ 부장님의 기분이 나쁜 상태이기 때문이다.

이런 식으로 흔히 일어나는 원인과 결과에 대한 추측은 대부분 인과관계라고 확정하기 어려운 허위상관인 경우가 많다.

어떤 두 사건 사이에 상관관계가 있을 때, 둘 사이에 인과관계가 있다고 쉽게 단정 짓지 말고 허위상관은 아닌지 의심해보는 것이 중요하다. 책을 사면, 피아노를 배우면, 거실에서 공부를 하면, 부모의 연봉이 높으면, 정말로 자녀의 학습 능력이 향상될까? 그중에 정말 인과관계가 성립하는 것이 있을까? 허위상관일 뿐인 것은 아닐까? 인과관계라고 확정하기 전에 한 번쯤은 이런 질문을 고민해보기 바란다.

❝❝ '작은 세계'에 갇혀 바라본다

많은 사람들이 '자신의 작은 세계'를 기준으로 삼는 인지 편향을 가지고 있다.

자신의 생각이나 경험, 주위 사람들의 생각이나 경험이라는 너무나도 좁은 범위를 기준으로 세상을 바라보며, 그것을 기준으로 '사람들은 모두 이렇다', '이렇게 하는 게 일반적이다'라는 식으로 생각한다. 이때 '모두'는 세상의 관점으로 보면 매우 한정된 숫자의 사람들에 불과하다.

게다가 요즘 SNS는 자신과 비슷한 의견만 표시되고, 인터넷상의 알고리즘은 사용자의 관심사에 가까운 것만 보여주도록 설정돼 있다. 이렇게 무의식적으로 같은 의견만 접하다 보면 앞에서 소개한 '에코 체임버' 현상이 발생해 '작은 세계 편향'이 더더욱 강화된다.

'모두'나 '일반적'이라는 것이 자신이 경험할 수 있고 상상할 수 있는 좁은 범위에 해당하는 것일 뿐이라는 사실을 모른다면, 다른 문화에 속한 사람을 무시하거나 부정하게 될 수 있다.

외국인과 일할 때는 집요하게 설명한다

'작은 세계 편향'의 악영향은 작은 세계 '바깥'에 있는 사람과 만나게 될 때 일어난다. 전형적인 예로 들 수 있는 것이 요즘 다양한 업종에서 증가하고 있는 외국인과의 비즈니스에서 벌어지는 의사소통이다.

1장을 통해 언어에 따라서 단어가 가지는 의미 체계가 다르다고 설명했다.

영어와 일본어에서 'wear-입다'가 사용되는 범위와 표현하는 행동이 매우 다르듯이, 일본의 비즈니스 현장에서 당연하게 쓰이는 에두르는 표현을 문자 그대로 다른 언어로 바꾸면 상대방은 전혀 이해하지 못하는 사태가 벌어지기도 한다.

그렇게 말하면 못 알아듣습니다

예를 들어 '검토해보겠다'고 에둘러 표현하는 경우를 보자. 일본어에서는 이 말이 완곡하게 거절하는 뉘앙스를 줄 때가 있는데, 그 뉘앙스가 외국인에게도 전해질 것이라고는 기대하지 않는 편이 좋다.

또는 '이번 건에 대해서는 사내에서 연계해두세요'라는 표현도 일본에서는 편리하게 사용되는데, 이때 '연계'가 정확하게 무엇을 가리키는지는 같은 일본인끼리도 종종 이해하지 못한다. 아마도 '제작팀과 영업팀이 이번 주 중으로 회의해 결론을 내라'는 의미로 쓰이는 경우가 있을 것이다.

일본은 언어로 상세하게 설명하지 않아도 의사소통이 되는 고맥락 high context 국가라 무의식중에 대화를 생략하는 경향이 있다. 하지만 이것은 일본이라는 작은 세계의 편향이다. **외국인과 일을 할 때는 자신이 느끼기에 너무 상세하다 싶을 정도로, 또는 집요할 정도로 설명해야 적당한 수준**일 것이다.

상식이란, 상대적임을 기억한다

'작은 세계 편향'은 대화나 언어 표현만으로 보완할 수 있는 것이 아니다. 예를 들어 일본에서 '눈치가 빠르다'는 표현은 대체로 긍정적인 평가를 뜻한다. 자신이 말하지 않았는데 상대방이 알아서 내 입장을 고려하는 것(또는 촌탁)을 바람직하다고 본다. 의식하

고 있는지와는 별개로, 윗사람이 그런 대우를 받기를 원하는 경우
도 있다.

하지만 국가에 따라서는 '부탁받지 않은 일을 해주면 안 된다',
'멋대로 무언가를 해주면 실례다'라고 보는 곳도 있다. 눈치 보는
방식이 문화마다 다른 것이다.

일본에서 의사소통 시 상식이라고 통하는 것은 일본이라는 작
은 세계 속에서의 가치관이다.
기대한 바와 다르다고 해서 '눈치가 없다'며 무시하는 의사소통
방식을 취하거나, 직원을 채용할 때 '눈치가 빠른 것'을 너무 중시
하는 기업은 앞으로 어려움이 커지리라 예상된다. 외국인을 비롯
해 다양한 배경의 사람들, 바꿔 말해 다양한 스키마를 가진 사람들
과 일하게 될 경우가 점점 많아질 것이기 때문이다.

💬💬 극단적인 '상대주의'로
판단을 회피한다

다양성을 인정하는 것은 매우 중요하지만, 이것이 극단적으로
이뤄지는 경우가 있다. 바로 **상대주의의 함정**이다. 모든 문제에 대
해서 '각자 생각이 다르니까 이래도 좋고 저래도 좋다'는 입장을
고수하면, 정작 중요한 판단을 내리지 못하게 될 가능성이 있다.

그렇게 말하면 못 알아듣습니다

상대주의적 사고방식을 추구하다 보면, 독재자의 존재나 전쟁까지도 '그 나름대로 이유가 있다'고 받아들이게 된다. 자신에게든 사회에든 매우 중요한 과제를 두고 이런 관점을 가지는 것은 '다양한 의견 가운데 무엇이 합리적인가'에 대한 고민을 방치하는 것이기도 하다.

일견 이치에 맞는 듯 보이는 상대주의적 발언을 하는 사람이 꽤 많다. 상대주의의 함정에 빠지지 않도록 주의해야 한다.

💬💬 흑백논리에 빠져 중간을 못 본다

'A가 아니면 B다', '찬성이 아니면 반대다'. 우리는 이런 식으로 흑인지 백인지 갈라 판단하고 싶어 한다. 그래야 분명하게 이해할 수 있기 때문이다.

하지만 세상사는 흑과 백 사이 존재하는 연속선상에 놓여 있는 경우가 많다. A인지 B인지로만 구분하려 들면 그 사이에 있는 사람에 대해서는 이해하지 못한 채 일이 진행되고 만다.

어떤 프로젝트에 찬성하는가 반대하는가만 따지면, '절차를 제대로 밟아가며 진행한다면 찬성', '이 기획안에는 반대하지만 다른 기획안이 있다면 찬성'처럼 찬성과 반대 사이에 있는 사람들의 의

견은 보이지 않는다. 실제로는 그 사이에 있는 사람이 더 많을 때도
있다.

💬💬 막힘없이 유창하면
이해하기 쉽다고 믿는다

TV 요리 프로그램에 어떤 연예인이 나와서 만들기 쉽고 맛도 있
는 요리의 레시피를 소개했다고 해보자. 자신도 충분히 할 수 있을
것 같아서 도전해봤더니 기대와는 달리 제대로 만들지 못할 때가
있다. 요리뿐만 아니라 스포츠, 음악, 춤 등에서도 비슷한 경험을
한 사람들이 많을 것이다.

우리는 타인이 능숙하고 자연스럽게 무언가를 해내는 모습을
보면 '나도 할 수 있겠다'고 생각하는 경향이 있다. 이렇게 **상대방
의 유창성'이 일으키는 판단의 왜곡을 '유창성 편향'이라고 한다.**
유창성 편향은 **'상대방이 막힘없이 알기 쉽게 설명하면, 그 내용을
더 잘 믿게 되는 현상'**으로 나타나기도 한다. 이를 악용하는 대표적
인 예가 '투자 사기'다.

투자 사기꾼들은 대부분의 경우 쉽게 이해할 수 있는 표현을 쓰
면서 청산유수로 막힘없이 이야기한다. 그렇다 보니 듣는 쪽은 어
느새 그 이야기를 믿게 된다. 내용이 빈약해도, 때로는 틀린 내용일
지라도 신뢰하는 것이다.

이런 인지 편향은 판단을 왜곡시킬 뿐만 아니라 의사소통을 방해하기도 한다.

인지 편향에 휘둘리지 않고 '머리를 써서 생각하는 것'은 '말하면 전해지고 이야기하면 알아듣는 것'을 실현하는 데 꼭 필요한 요소다.

3장

찰떡같이 알아듣는
소통이 이뤄지려면?

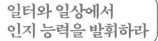
앞 장에서는 인간의 어떤 특성 때문에 상대방에게 말해도 전해지지 않고 이야기해도 알아듣지 못하는 사태가 발생하는지 인지적인 측면을 중심으로 살펴봤다.

이를 통해 우리가 가진 인지 능력이 얼마나 뛰어난지 확인할 수 있었다. 한편으로는 '새로운 것을 기억하려면 기존의 기억을 잊어야 한다', '이해라는 과정을 거치기 때문에 오히려 잘못 기억할 수 있다', '대상을 불확실하게 이해한다'는 특성과 같이, **인간의 뛰어난 인지 능력을 뒷받침해주는 구조가 오히려 '말해도 전해지지 않고 이야기해도 알아듣지 못하는' 사태로 이어진다**는 사실을 알아차린 사람도 많을 것이다.

인간의 훌륭한 인지 능력이 가지고 있는 특성이 오류를 일으키는 요인이기도 하다는 점이 조금 안타깝게 느껴지기도 할 것이다.

하지만 오류가 발생하기는 해도, 우리가 가진 능력이 훌륭하다는 사실에는 변함이 없다. 이렇게 무언가에 대해 생각할 수 있는 것도, 어딘가에 흥미를 느낄 수 있는 것도, 주위 사람들과 소통을 즐길 수 있는 것도, 그리고 이 책의 가장 중요한 주제인 일을 통해 자아를 실현할 수 있는 것도 모두 인지 능력 덕분이다.

우리가 가진 인지 능력의 특성을 몰라서 불편한 상황이 발생하는 것도 사실이다.

또한 앞서 소개한 일본 장기 기사의 예처럼, 근본적인 인지 능력은 동일하지만 같은 인간이라고 볼 수 없을 정도로 뛰어난 능력을 발휘하는 사람도 있다. 이 책을 읽고 있는 대부분의 사람들이, 인지 능력을 발휘해 자신의 일과 일상생활을 더욱 알차게 만들고 싶고, 인간관계도 더 나아지기를 바랄 것이다.

어떻게 하면 우리가 가진 능력을 살릴 수 있을 것인가, 실수는 가능한 한 줄이고 더 높은 수준의 결과물을 만들어낼 수 있을 것인가. 이 장에서는 그 부분에 대해서 다뤄보겠다.

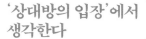

지금까지 설명해왔듯이 '말하면 전해지고 이야기하면 알아듣는
것'은 말만 잘한다고 해서 되는 게 아니다. 상대방이 제대로 이해하
고 있는지, 내용이 정확하게 전해지고 있는지도 고려해야 하므로
이야기를 듣는 사람의 입장도 생각해야 한다.

어린 시절 한 번쯤은 다음과 같은 말을 들어본 적이 있을 것이다.
"상대방 입장에서 생각해봐."
이 말에는 누군가와 소통을 할 때는 '상대방을 생각하는 것'이
당연한 일이며, 하려고 마음만 먹으면 해낼 수 있는 일이라는 전제
가 깔려 있다.

또한 이를 '비인지 능력'이라고 여기는 경우도 있어서 도덕 수업 등에서 상투적으로 쓰이는 표현이기도 하다.

하지만 **'상대방의 입장에 서기', '상대방의 마음으로 생각하기'**는 **단순히 상대방을 배려하라는 의미가 아니다.**

비즈니스에서는 상대방이 처한 상황을 분석해 그에 맞는 제안을 하는 것이며, 인지심리학에서 중시하는 **'마음이론', '메타인지'**와 깊은 관련이 있다.

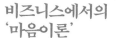

'마음이론'이란 '어떤 상황에 놓인 타인의 행동을 보고서, 그 사람의 생각을 추측하고 해석하는(즉 추론하는)' 마음의 움직임을 가리킨다.

두 살짜리 아이가 TV를 보고 있는 모습을 상상해보자. 부모는 TV 화면이 보이지 않는 곳에 있어, 당연히 그 순간 화면에 무엇이 나오고 있는지 모른다.

하지만 어린아이는 그 사실을 이해하지 못한다. 자신에게 화면이 보이니 다른 사람에게도 보일 것이라 믿는다. **'타인의 관점'을 상상하지 못하는 것**이다.

이는 누구나 거치는 성장 과정으로, 타인의 관점을 알게 되는 시기는 대체로 네 살 이후라고 한다. 즉 타인의 관점이나 마음의 움직임을 추론하는 것은 인지적 사고 중에서도 가장 어려운 고도의 과정이라고 볼 수 있다.

이런 고도의 인지적 사고를 눈앞에 없는 사람, 예를 들어 거래처 직원이나 고객을 대상으로 작동하는 것이 바로 비즈니스에서 '상대방의 입장에서 생각하는 것'이다.

상대방의 입장에서 생각하는 것이 어렵다면 이와 같은 인지적 사고를 하지 못하기 때문일지도 모른다.

❝❝ 누구를 위한 보고인가

비즈니스에서는 상대방 입장에서 생각할 수 있는가 없는가에 따라서 보고 방법과 내용이 달라진다. 대기업에서 근무하는 20대 후반 K의 이야기를 예로 들어보겠다.

K는 대학교를 졸업하기 전에 채용됐는데, 입사한 이래로 '보고·연락·의논'이 중요하다고 배워왔다. 그래서 현재의 부서에 배치된 후 5년 동안 어떤 일을 진행할 때마다 직속 상사인 A 부장에게 "이사항에 대해 확인 부탁드립니다"라며 관련 서류를 건네고, 앞으로

그렇게 말하면 못 알아듣습니다

진행하게 될 업무를 설명했다.

어느 날 평소대로 A 부장에게 시간을 내달라고 해서 진행 예정인 업무를 보고했다.

그러자 A 부장은 의외의 반응을 보였다.

"자네는 본인이 편하려고 나에게 보고하는 건가?"

K가 '업무를 진행할 때 보고 · 연락 · 의논이 중요하다', 'A 부장도 진행 상황을 알고 싶어 할 것이다'라고 생각한 건 사실이다. 하지만 부장이 보인 의외의 반응을 통해 자신의 마음속 깊은 곳에 있던 또 다른 감정을 알아차렸다. 바로 책임을 회피하고 싶어 하는 마음이었다.

A 부장에게 미리 보고해두면 나중에 문제가 생겼을 때 'A 부장님이 허락한 일이다'라고 말할 수 있도록 도망갈 곳을 만들어둔 것이다. 이렇게 책임으로부터 도망치려는 자세를 A 부장에게 간파당하고 말았다.

상대방의 입장을 고려하지 않는 상태에서는 아무리 보고 · 연락 · 의논을 잘해도, 결국 자신을 위한 것, 더 정확히 말하자면 자신을 지키기 위한 것에 불과하다.

▀▀ 상사의 입장을 고려한 '확인 부탁드립니다'

K는 어떻게 '보고·연락·의논'을 해야 옳았을까?

최악의 선택지는 '그럼 일단 내가 알아서 진행하고 나중에 보고하면 되겠지'라고 안일하게 판단해 독단적으로 진행하는 유형이다. 상사의 확인을 받아야 하는 부분과 자신의 책임하에 진행해도 되는 부분을 판별해내는 것은 부하 직원 입장에서 할 수 있는 일이 아니다.

그렇다면 어떻게 해야 할까? 책임을 회피하기 위한 표현이 아니라, 바쁜 A 부장의 입장을 배려하며 책임은 자신이 지겠다는 자세를 보여주는 것이 좋다. 구체적인 예를 들자면 '이 업무는 이런 사항을 고려해 진행하려고 하는데 괜찮을까요?' 같은 식으로 표현하는 것이다.

또는 서류에서 오자를 지적받았다면 그 부분만 고쳐서 '확인 부탁드립니다'라며 상사에게 가져가는 것이 아니라, 그 외에도 오자나 수정할 부분이 있는지 검토해본 후 '오자를 수정했으니 최종 확인 부탁드립니다'라며 가져가거나 '오자 외에 고칠 부분이 없다면 이대로 진행해도 될까요?'라고 업무를 진행하는 것이다.

상사의 위치나 선생님이라고 불리는 입장이 되면 주위에서 '확인 부탁드립니다'라며 요청받는 일이 많아진다. 과연 **정말 그 사람의 확인이 필요한 일일까? 확인해달라고 요청하는 사람이 자신이 내려야 하는 판단을 회피하고 있는 것일지도 모른다.**

그런 요청을 받는 입장이라면 때로는 엄격하게 '이건 확인이 필요한 성질의 일이 아니다'라고 알려줄 필요가 있다. **서로에게 보이지 않는 각자의 마음속 바람을 조정함으로써 상대방의 입장에 설 수 있게 될 것이다.**

비즈니스에서 자주 쓰이는 '확인 부탁드립니다'라는 말은 의미가 매우 불확실하고 의존적인 표현이다. 따라서 이런 말이 나올 때는 요청하는 쪽과 받는 쪽 모두 '지금 책임을 떠넘기고 있는 것 아닐까'를 의식하는 편이 좋다.

'상대방의 입장에서 생각하기'와 깊은 관련이 있는 '메타인지'에 대해서도 살펴보자.

메타인지라는 표현은 마음챙김 분야에서도 자주 사용되기 때문에 최근에는 많은 사람이 들어봤을 것이다. 쉽게 설명하자면 '자신의 의사결정을 객관적으로 바라보는 것'을 가리킨다.

노벨 경제학상을 수상한 대니얼 카너먼의 저서 《생각에 관한 생각》(2018)에서는 인간이 대부분의 의사결정을 내릴 때 '직감'에 의존한다고 한다.

카너먼은 직감에 의한 의사결정을 '빠른 사고', 또는 '시스템 1

사고'라 부르고, 시간을 들여 숙고하는 지적 활동을 '느린 사고', 또는 '시스템 2 사고'라 불렀다. 그리고 우리의 의사결정 중 대부분은 시스템 1 사고를 따르며, 시스템 1 사고에 의한 의사결정은 **효율적일 뿐만 아니라 '대체로 옳다'**는 사실을 보여줬다.

시스템 1 사고에 의한 의사결정이 대체로 옳다는 것은, 반대로 생각하면 **가끔은 틀릴 때도 있다**는 뜻이다. 이런 오류를 시스템 2를 통해 검토하는 것이 '메타인지를 작동시킨다'는 말의 의미다.

🗨️ 자신의 생각을 되돌아본다는 것

메타인지의 대표적인 예가 '시험지를 재검토하는 것'이다. 시험을 볼 때 마지막 문제까지 풀고 나면 그대로 끝내는 것이 아니라, 첫 문제로 돌아가서 정답이 맞는지 검토해보는 사람이 많다.

그때 자신이 문제를 푼 방식이 올바른지, 답안이 맞는지, 부주의로 인한 실수는 없는지 등을 확인할 것이다. 시스템 1 사고로 내린 판단을 객관적으로 재검토하는 것이다.

그런데 시간에 여유가 있어도 시험지를 다시 보지 않는 아이들도 있다. "답이 맞는지 다시 확인해봐!"라고 부모에게 귀가 따갑게

잔소리를 들어도 왜 시험지를 다시 봐야 하는지 이해하지 못한다.

이 경우 메타인지 능력이 키워지지 않은 상태라고 볼 수 있다. 또는 과거의 자신을 어떻게 대해야 하는지 모르는 상태인 것이다.

부모 입장에서는 '남은 시간 동안 시험지를 재검토하는 것'이 당연하고 특별하지 않은 일일지도 모른다. 하지만 아이들은 특히 나이가 어릴수록 **'자신의 사고 과정이나 답안을 되돌아보는 일'이 자연스럽게 이뤄지지 않는다.**

비즈니스에서 메타인지를 잘 활용하지 못하는 사람은 작성한 자료를 재검토하거나, 자신이 상사가 지시한 대로 일하고 있는지 확인하는 일이 익숙지 않다. 그래서 '배려가 부족하다', '허술하다'는 평가를 받거나 비인지 능력 혹은 성격에 문제가 있다고 치부되기 쉽다.

그러나 **'메타인지' 역시 비인지 능력의 문제나 성격의 문제가 아니다. 중요한 인지 문제에 해당한다.**

업무상 미팅이나 새로운 기획을 제안하는 경우뿐만 아니라, '제안을 잘하는 사람', '일을 원활하게 진행하는 사람', '눈치가 빠른 사람'은 모두 상대방의 입장에서 생각하는 능력이 뛰어나다고 볼 수 있다.

지금부터 일을 할 때 일어날 수 있는 대표적인 상황을 예로 들어, 상대방의 입장에서 생각하고 감정을 배려하는 방법을 알아보겠다.

메일은 '읽는 사람' 입장에서 쓴다

혹시 '마지막까지 읽어도 용건을 알 수 없는 메일'을 받아본 적이 있는가? 대부분의 경우 메일을 읽으면 발신자가 상대방의 입장에서 생각할 수 있는 사람인지를 파악할 수 있다.

상대방의 입장을 고려하지 않고 쓰면 메일을 쓰는 본인의 관점에서 전하고 싶은 것만 정리해, 상대방은 전혀 배려하지 않는 메일이 되기 때문이다.

우리는 자신이 상상하는 것보다 더 자기중심적으로 글을 쓸 때가 많다.

글에서 상대방의 입장을 고려한다는 것이 어떤 의미인지 논문과 일반 도서의 차이를 통해 살펴보자.

나는 지금까지 언어의 발달이나 언어와 사고의 관계에 대해 실험과 연구를 거듭하며 수많은 논문을 써왔다.

연구 논문을 쓸 때는 전문 용어를 사용한다. 전문 용어는 편리하다. 그 단어를 사용하는 것만으로 특정 개념을 설명할 수 있다. 이것이 가능한 이유는 같은 분야의 전문가들이 스키마를 공유하고 있기 때문이다. 전문 용어를 이해할 때 백그라운드에서 작동하는 기본적인 시스템을 공유하고 있다는 뜻이다.

예를 들어 심리학에서 말하는 '사고'는 '인간이 뇌로 실행하는 모든 인지 활동'을 가리키지만, 일반적으로 이해하는 의미와는 다르다. 그래서 나는《언어와 사고》(2022)라는 대중을 위한 교양서를 쓰면서 다음과 같은 설명을 덧붙였다.

대부분의 독자들은 '사고'라고 하면, 이리저리 궁리해보고 심사숙고하는 것을 뜻한다고 생각할 것이다. 사색에 가까운 이미지일지도 모른다. 하지만 심리학에서 사고란 이보다 훨씬 넓은 의미로 사용된다. 심리학에서 사고란 종종 인간의 마음속에서(즉 뇌에서) 실행되는 모든 인지 활동을 가리킨다. 자동판매기 앞에서 A사의 캔커피와 B사의 캔커피 중에 무엇을 뽑을지 결정하는 것도 엄연히 사고에 해당한다.

논문에서는 '사고'라는 두 글자면 충분한 개념을, 이렇게나 많은 글자를 사용해서 설명해야 한다. 인지과학이나 심리학에 관련된 지식이 전혀 없는 사람들에게도 내용이 전해질 수 있도록 보충 설명을 해가며 글을 써야 하기 때문이다.

또한 같은 일반 도서라고 해도, 비즈니스 도서와 자녀 양육서는 대상 독자가 다르기 때문에 구체적인 예를 들 때 유의해야 한다. 독자를 상상하면서 쓸 필요가 있는 것이다.

마찬가지로 업무상 설명을 하거나 메일을 쓸 때도 상대방이 이해할 수 있는 수준을 예측하면서 내용을 만들어가야 한다. 전문 용어를 사용해 간결하게 전달해도 되는 사람인지, 알기 쉽게 설명해줘야 하는 사람인지, 어떤 예를 들어야 상대방이 공감할지, 상대방의 스키마와 자신의 스키마에서 공통되는 부분이 얼마나 있는지 생각해야 한다.

상사나 부하 직원이 당신의 이야기를 전혀 들어주지 않는다면,

당신이 상대방에게 전달되지 않는 형태로 이야기를 했기 때문일 지도 모른다.

상대방의 상황을 추측한 후에 작성된 메일은 어느 부분을 읽어야 할지, 무엇을 해야 할지, 그 이유는 무엇인지가 명확하다. 처음 몇 줄만 읽어도 알 수 있다. 부수적인 정보는 뒤에 설명하므로 '필요한 경우에 읽으면 된다'는 게 명백히 드러나 있다.

글은 어떻게 써야 할까? '쓰는 사람 관점'에서일까, '읽는 사람 관점'에서일까? 일기라면 쓰는 쪽 관점에서 써도 괜찮다. 하지만 업무를 하는 데 필요한 것은 주로 읽는 쪽의 관점에서 쓰인 글이다.

메일을 적은 다음 다시 읽으면서, 처음 몇 줄만 봐도 무엇에 대한 메일인지, 중요한 사항은 뭔지 전해지고 있는가를 확인한다.

이런 과정을 일상적으로 실천한다면 자연스럽게 상대방 입장에서 생각할 수 있게 될 것이다.

'보고·연락·의논'이 왜 중요한지부터 설명한다

'보고·연락·의논'을 하지 않는 부하 직원은 상사들의 고민거리 중 하나다.

그런데 이 고민은 상사가 부하 직원의 입장에 서지 않기 때문에 생기는 것일 수 있다.

부하 직원은 '보고·연락·의논'이 왜 중요한지 모르는 상태인데,

그렇게 말하면 못 알아듣습니다

상사가 이 사실을 알아차리지 못하고 있을 가능성이 있다.

상사는 종종 이유는 건너뛰고 반드시 해야 하는 일만 부하 직원에게 전달하곤 한다.

"이 건에 대한 보고를 아직 못 받았어."(끝)

"그 건은 어떻게 돼가고 있어?"(끝)

이런 말을 들으면 부하 직원은 '보고·연락·의논을 하라는 거구나'라고 생각할 뿐이다. '왜'에 대한 부분, 왜 보고·연락·의논이 중요한가는 전해지지 않는다.

어떤 브랜드의 영업팀에서 있었던 일이다. 그 회사에서는 영업처에 방문할 때 담당자가 회사 차를 직접 운전하는 경우가 많았다. 차를 살짝 긁는 것은 그다지 드문 일이 아니었고, 차에 흠집이 나도 특별히 책임을 묻지는 않았다. 다만 그런 일이 있었다는 사실만은 보고하라고 직원들에게 공지했다.

하지만 아무리 말을 해도 사고 사실을 보고하는 사람이 없었다. 여러 명이 돌아가면서 차를 사용하다 보면 어느새 흠집이 늘어나 있는 상황이 계속됐다.

이럴 땐 어떻게 하면 좋을까? 이 일화를 들려준 사람은 그 후에 상사가 부하 직원들에게 어떤 이야기를 했더니 직원들의 눈빛이

변했고, 흠집이 남지 않을 정도로 가벼운 접촉 사고에도 보고를 하게 됐다고 전해줬다. 상사가 전달한 내용은 다음과 같았다.

"요즘은 스마트폰으로 바로 동영상을 촬영할 수 있어. 사고 현장을 촬영한 사람이 회사로 연락을 주면 다행인데, 갑자기 인터넷에 동영상이라도 올리면 회사 입장에서는 대응할 때 선수를 빼앗기게 돼. 자칫 운전한 여러분의 얼굴이나 이름이 인터넷상에 퍼질지도 모르지. '○○ 회사의 직원이 이런 사고를 냈다'고 알려져서 논란이 되면 손쓸 방법이 없어. 그런 사태가 벌어지기 전에 가능한 한 빨리 회사로 보고해주기 바라네."

이 말을 듣기 전까지 부하 직원에게 보고란 자신의 실수를 '굳이 밝히는 행위'였다. 하지만 보고를 해야 하는 이유를 알게 되면서 보고는 '실수 이후에 생길지도 모르는 논란을 막기 위한 행위'로 바뀌었다.

이렇듯 **보고·연락·의논이 이뤄지지 않는 직장은 '보고·연락·의논이 왜 중요한지'를 부하 직원이 알지 못한다는 사실을 상사가 모른다는, 이중의 문제 상황에 처한 경우가 많다.**

상사 입장에서 부하 직원에게 보고·연락·의논을 지시하려면 '그게 왜 중요한지'부터 제대로 설명하는 것이 상대방의 입장에 선 의사소통이다.

그렇게 말하면 못 알아듣습니다

자녀가 공부를 하지 않아서 고민일 때도 같은 논리를 적용할 수 있다. 자녀는 '왜 공부를 해야 하는지' 모르는 상태인데, 그 점을 먼저 이해시키지 않고 부모는 그저 '공부하라'고만 한다. 그래서는 부모가 아무리 말해도 자녀는 공부를 하지 않을 뿐만 아니라 도리어 싫어하게 될지도 모른다.

감정을
신경 쓴다

'말하면 전해지고 이야기하면 알아듣는 것'이 이뤄지려면 감정에 신경을 써야 한다. 여기서 말하는 감정이란 상대방의 감정뿐만 아니라 자신의 감정도 포함된다.

인간은 기본적으로 자신의 감정과 별개로 행동하기 어렵다. 스스로 눈치채지 못하더라도 인간은 기분이나 감정에 영향을 받고 있다.

이렇게 이야기하면 '업무에 감정을 끌어들이다니 프로답지 못하다'고 생각하는 사람도 있을 것이다. 또한 '감정적'이라는 것이 종종 불편한 특징으로 여겨지기도 한다.

그렇게 말하면 못 알아듣습니다

물론 격렬한 감정을 숨기지 못하고 버럭 화를 내며 상대방을 쏘아붙인다면 프로다운 태도가 아니다.

하지만 **그 정도로 격렬하지는 않은 기분과 의도도 우리의 사고와 행동에 큰 영향을 준다는 사실을 잊으면 안 된다. 감정에 영향받지 않고 판단을 내릴 수 있는 사람은 없다. 누구나 자신의 일에 감정을 끌어들인다.**

앞서 2장에서는 '신성한 가치관'에 대해 다뤘다. 감정은 신성한 가치관에 필적한다.

많은 사람들이 '자신은 합리적으로 판단해 결정을 내린다'고 믿겠지만, 사실은 그렇지 않다. **인간의 선택이나 의사결정 과정이란 먼저 감정을 기준으로, 단순하게 표현하면 '좋은지 싫은지'로 대상을 판단하고, 그 후에 '논리적인 이유'를 덧붙이는 것에 불과하다.** 이를 보여주는 데이터가 아주 많은 인지심리학 연구와 뇌신경과학 연구를 통해 보고되고 있다. 자세한 내용은 다음 절에서 다루겠다.

💬💬 감정과 합리성의 관계

그렇다고 해서 감정을 바탕으로 결정하는 것이 합리적이지 않다는 말은 아니다.

해부학자인 요로 다케시의 저서 《요로 다케시의 특별 강의: 보살

핌이라는 사상》(養老孟司特別講義 手入れという思想)에서는 철학에서 유명한 비유인 '뷔리당의 당나귀'를 예로 들며, 감정을 바탕으로 결정하는 것의 합리성을 이야기한다.

저자는 당나귀가 서양에서는 어리석은 동물의 대명사로, 배고픈 당나귀의 양쪽에 똑같은 양의 건초 더미를 두면 어느 쪽 건초를 먹어야 할지 몰라서 아사한다는 이야기를 소개하면서 다음과 같이 덧붙였다.

어리석은 당나귀가 아니라, 여러분이 완벽하게 논리적인 계산만 하는 컴퓨터라면 어떻게 하겠는가? 그 컴퓨터는 이쪽 건초를 먹어야 할지 저쪽 건초를 먹어야 할지, 즉 어느 쪽을 먹는 게 이득인지를 계산해 결정하려고 한다. 논리적인 기계이기 때문이다. (중략)

컴퓨터는 똑똑하기 때문에 음파 탐지기가 됐든 레이저가 됐든 건초 양을 측정할 수 있는 수단을 논리적으로 찾아내, 어떻게든 양쪽의 양을 측정한다. 그 결과 1그램도 차이가 없다는 답을 얻는다. (중략)

하지만 생물은 그런 바보 같은 행동을 하지 않으며, 매우 강하게 편향이 작용한다. 우리의 의식은 정보에 작용하는 편견을 파악하고 있다. 그렇게 파악한 것을 감정, 또는 좋고 싫음이라고 부른다. (중략) 정보에 매우 단순하게 계수를 곱하는 것, 즉 가중치를 부여하는 것이 가능하다고 생각하는 순간, 감정이라는 것이 일견 불합리해 보이면서 매우 합리적이라는 사실을 깨닫게 된다.

그렇게 말하면 못 알아듣습니다

시사하는 바가 많은 내용이다. 이런저런 계산을 한 후에도 우열을 가릴 수 없다면 컴퓨터로는 결정을 내리지 못하지만, 생물은 결정을 내릴 수 있다. 이는 감정이 있기에 가능한 일이며, 따라서 감정은 합리적인 시스템이라고 볼 수 있다.

여기서 말하는 감정이란 표정이나 태도에 드러나는 '큰 파동' 같은 것이 아니라 직감적인 '좋고 싫음'에 가깝다.

이 사실은 독일의 심리학자 게르트 기거렌처의 저서 《생각이 직관에 묻다》(2008)에 자세하게 설명돼 있다.

책에서 예로 든 것은 인간이 무언가(예를 들어 잼 같은 것)를 선택하기 위해 고민할 때, 처음으로 주의 깊게 본 것을 고르는 경향이 있다는 점을 보여주는 실험이다. 즉 가장 먼저 '이게 좋다'는 감정이 존재하고, 이를 바탕으로 의사결정을 하며, 그 후에 자신의 선택이 괜찮은지 이성적으로 검증한다는 것이다.

이는 결국 **감정은 때때로 뛰어난 '직감'을 반영한다**는 것을 알려준다. 게르트 기거렌처는 이 직감을 'gut feeling'이라고 불렀다. 번역하자면 '장에서 느껴지는 직감'이다.

일본 장기 기사들은 수를 읽기 전부터 좋은 수에서 '좋은 느낌', 나쁜 수에는 '나쁜 느낌'을 받는다는 이야기를 들은 적이 있다. 마찬가지로 우리의 판단은 다분히 감정의 영향을 받으며, 그 판단은 어느 정도 합리적이다.

앞서 소개한 코로나 바이러스가 확산되는 상황처럼, 세상에서 매일 일어나고 있는 일들에 대해 판단을 내리기 충분한 데이터가 반드시 있는 건 아니다. 그럼에도 지금까지 우리는 일상생활에서나 업무에서 매번 정보가 충분하지 않은 상태로 판단을 내려야 했고 실제로 판단을 내려왔다.

'합리적으로 판단할 수 있을 만큼 데이터가 모일 때까지 판단을 할 수 없다'는 것은 너무나도 비합리적이다.

감정을 잘 다루면 더 나은 판단을 할 수 있다

감정은 우리 안에서 늘 작동하고 있다. 인간은 감정을 바탕으로 판단을 내린다. 감정이 합리적인 판단을 방해할 때도 많지만, 동시에 판단에 꼭 필요한 요소이기도 하다.

이를 이해한다면 더 나은 의사소통을 위해, 정확한 판단을 위해, 또는 프로젝트의 큰 성공을 위해, 감정에 더욱 관심을 가져야 한다는 사실을 수긍하게 될 것이다.

물론 여기서 말하는 '감정에 관심을 가진다'는 말이 '상대방의 감정에 호소하는 제안을 하자'는 좁은 의미를 가리키는 건 아니다.

🗨️🗨️ '이유가 있다'는 것만으로도 마음이 편해진다?!

지금부터 이유와 감정의 관련성을 알 수 있는 특이한 실험을 소개하겠다. '복사기 앞의 대기 줄에서 양보해달라고 부탁하기'라는 이 실험은 미국 하버드대학교의 엘렌 랭어 연구팀이 시행한 '새치기 성공률 연구'로, 부탁하는 방식에 따라서 성공률이 달라진다는 사실을 보여준다.

① Excuse me, I have 5 pages. May I use the xerox machine?

(실례합니다, 저는 5페이지만 복사하면 되는데요. 복사기를 먼저 사용해도 될까요?)

② Excuse me, I have 5 pages. May I use the xerox machine, **because** I have to make copies?

(실례합니다, 저는 5페이지만 복사하면 되는데요. 꼭 복사를 해야 해서 **그런데** 복사기를 먼저 사용해도 될까요?)

③ Excuse me, I have 5 pages. May I use the xerox machine, **because** I'm in a rush?

(실례합니다, 저는 5페이지만 복사하면 되는데요. 바빠서 **그런데** 복사기를 먼저 사용해도 될까요?)

부탁에 대한 성공률은 다음과 같았다.

① 60%
② 93%
③ 94%

①번은 'because(~해서 그런데)'와 같은 이유를 밝히지 않은 요청 방식이다. 이 경우에는 60%의 성공률로 양보받을 수 있었다.

한편 94%로 가장 성공률이 높았던 것은 '바빠서 **그런데**(**because** I'm in a rush)'라는 이유를 말한 ③번 방식이었다.

여기서 주목해야 할 것은 ②번 방식이다. 이 부탁에는 분명 '이유'로 보이는 표현이 있기는 하다. '꼭 복사를 해야 해서 **그런데**(**because** I have to make copies)'라고 했지만 지금 복사기를 쓰는 사람도, 복사기를 쓰려고 줄을 서 있는 사람도 누구나 꼭 복사를 해야 하는 상황이다. 딱히 양보해줄 이유가 되지 않는데도 불구하고 ③번과 비슷한 성공률을 보였다는 점은 매우 놀랍다.

앞서 부하 직원의 '보고·연락·의논' 사례에서도 이유의 중요성에 대해 살펴봤는데, 다시 한번 이 실험을 통해 '이유를 전달하는 것(because)'이 얼마나 중요한지 확인할 수 있다.

무언가를 금지하는 것과 같이 강하게 요구하는 경우는 아무래

그렇게 말하면 못 알아듣습니다

도 감정이 쉽게 움직인다. 그럴 때는 **이유를 추가하는 것만으로도 상대방의 이해를 얻기가 쉬워진다는 점**을 기억해두면 도움이 될 것이다.

누군가에게 부탁을 해야 하는 상황에서도 마찬가지다. 요청이 쉽게 받아들여질 뿐만 아니라 무모한 대립도 방지할 수 있다.

일본의 조직, 특히 정부는 감정을 무시하고 이유를 설명하지 않은 채 일방적으로 통보하는 모습을 보일 때가 있다. 또는 '자세히 설명하겠다'고 하면서도 결정을 내리게 된 이유나 배경을 정확히 설명하지 않고 미리 정해진 결론만 반복해서 말하는 경우도 적지 않다.

자세히 설명한다는 것은 듣는 사람이 이해하고 수긍할 수 있는 이유와 근거를 제대로 보여준다는 뜻이지, 같은 말을 반복한다는 의미가 아니다. 그리고 이를 위해서는 감정을 배려할 필요가 있다는 것을 명심해야 한다.

우수한 직장인들 대부분이 '자신은 합리적으로 판단하고 결정
을 내린다'고 생각한다.

하지만 지금까지 살펴봤듯이, 자신의 감정에 전혀 휘둘리지 않
고 무언가를 실행하기란 매우 어렵다. 우리가 내리는 결정은 많든
적든 감정의 영향을 받는다.

중요한 일임을 알면서도 싫은 감정 때문에 제대로 대처할 수 없
었던 경험이 누구에게나 있을 것이다.

새로운 스마트폰을 계약할 때를 떠올려보자. 눈앞에 깨알 같은
글자가 가득 차 있는 서류가 펼쳐지고 매우 긴 설명을 듣게 된다.

고객 입장에서는 제대로 읽고 설명을 들어야 한다고 생각은 하지만, 거부하고 싶은 마음이 드는 것도 어쩔 수 없다.

그렇다면 계약에 대한 설명을 하는 쪽은 어떨까? 애초에 서류를 준비하고 긴 설명이 이어지는 것은 불만 고객이 문제를 일으키는 상황을 피하기 위해서다. 긴 설명 때문에 오히려 많은 고객에게 중요한 내용이 전해지지 않으면 주객이 전도되는 셈이지만, 회사 입장에서는 언제 어디에서 공격을 받아도 대처할 수 있도록 방어 자세를 취하는 것이다. 고객을 '적'으로 간주하는 듯한 접근 방식으로는 좋은 의사소통이 이뤄지지 않는다.

물론 직원 입장에서야 업무니까 어떻게든 의사소통을 해낼 수 있을지도 모른다.

하지만 고객은 싫어하고, 회사는 고객을 적으로 생각하는 상태에서는 원활한 의사소통이 되지 않는 데다 '말을 했다, 안 했다'로 다투는 문제가 생기기도 쉽다.

그렇다면 감정을 배려한 의사소통이란 과연 무엇일까?

이유를 알려준다

지금까지 이유를 아는 것이 감정을 움직이게 한다는 이야기를 해왔다. 보고를 받고 싶다면 '왜 보고를 해야 하는지', 까다로운 설명을 들어주기를 원한다면 '왜 이 설명을 들어주기 바라는지'처럼 **'왜'에 대해서 전달하는 것**이 효과적이다.

물론 '내가 알고 싶으니까 보고해줘', '내가 설명하고 싶으니까 들어줘'처럼 자기중심적인 이유로는 효과를 보기 어렵다. 이런 경우에도 '상대방의 입장'을 생각해야 한다는 것은 이제 더 설명하지 않아도 알 것이다.

상대방의 감정에 가까워진다

감정이란 자신도 눈치채지 못할 만큼 작은 일로도 변하는 법이다. 바꿔 말하면, 상대방의 감정을 배려하는 것도 사소한 데서 시작할 수 있다. 예를 들면 복장 같은 것이다.

F는 대형 건설 회사에서 근무하는 회사원이다. 평소 업무를 할 때는 주로 재킷을 입지만, 거래처 방문 시에는 되도록 상대방의 복장에 맞추는 편이다. 공사 현장이나 작업장에 갈 때는 작업복, 상대방이 평상복을 입으면 평상복, 정장을 입으면 정장으로 맞추는 식이다.

F는 '고객과 비슷한 복장을 입는 것만으로도 인간 대 인간으로 가까워질 수 있다고 느껴진다'고 했다. 이렇게 보이는 부분부터 시작하는 것도 좋은 방법이다.

고민을 공유한다

고민은 감정과 한 묶음이다. 따라서 **고민을 공유할 수 있다면 감정을 자기 편으로 만들기 쉽다**고 한 유능한 직장인이 비결을 알려줬

그렇게 말하면 못 알아듣습니다

다. 영업을 할 때 "저도 이런저런 시도 끝에 이 방법을 통해서 좋은 결과를 얻었는데 같은 방법으로 해보시겠어요?"라는 식으로 말해본다. 이 말을 들은 고객은 '이 사람도 나와 같은 고민을 하고 있었구나' 하고 동일한 입장이 된다. 그 순간 고객의 감정은 이미 움직이고 있을 것이다.

외국에서 살다 와 영어를 자유롭게 구사할 수 있는 사람이 새로 출간된 영어 교재를 가지고 와서 "이 교재로 공부하면 영어로 대화할 수 있게 됩니다"라고 한다면 그다지 마음이 움직이지 않을 것이다. 하지만 그 사람이 자신이 열심히 사용한 교재를 가지고 와서 "영어를 전혀 할 줄 몰랐지만 어떻게든 유학이 가고 싶어서 이 책으로 공부했더니 영어로 대화할 수 있게 됐습니다"라고 털어놓는다면 '나도 한번 써볼까' 하는 마음이 생길 수 있다.

얼마나 좋은 교재인지는 알 수 없지만, 설득력이 있는 쪽은 후자다. '영어로 말하고 싶다'는 같은 고민을 공유했기 때문이다.

감정적 대응보단 '함께' 문제를 해결한다

시스템 기업에서 근무 중인 E는 파트너 회사의 담당자에게 감정적으로 대응하는 바람에 두 번이나 상사에게 주의를 받았다.

"자네는 말투에 날이 서 있어. 평소에는 안 그러면서 대체 왜 그러는 거야?"라고 지적받은 것이다.

E가 화를 낸 이유는 파트너 회사에서 납품한 제품에 버그가 많

았기 때문이다. 그는 파트너 회사와 함께 개발을 진행하며 더 나은 제품을 만드는 것이 목표라고 생각했다. 목표를 달성하기 위해서라면 상대방을 거칠게 대해도 된다는 믿음이 마음속 어딘가에 있었다. 목표를 핑계 삼아 자신의 감정을 통제하지 못한 것이다.

정말 그 프로젝트를 성공시키고 싶다면 상대방과 깊은 의사소통을 할 필요가 있다.

상대방이 해내지 못한 이유는 무엇인지, 어떤 점에서 어려움을 겪고 있는지, 상대방의 조직에서 무슨 일이 일어나고 있는지, 상대방의 이야기를 듣고 이를 해결하기 위해 자신이 할 수 있는 일은 무엇인지 알려고 하는 태도로 대화하지 않으면 진정한 문제 해결에 다가갈 수 없다.

"제가 도울 일이 있을까요?"
"함께할 수 있는 일은 없을까요?"

이런 식으로 질문해야 하는 것이다.

여러 팀이 함께 프로젝트를 진행하다 보면 한 팀이 일정을 지키지 못해서 전체 작업이 정체되는 경우가 있다. 이때 '저 팀 때문에 일정이 늦어져서 곤란해'라고 불평하는 사람과 '저 팀을 위해서 우리가 할 수 있는 일은 무엇일까?'를 생각하는 사람으로 갈린다. 자

그렇게 말하면 못 알아듣습니다

신의 입장에서만 상황을 보는 사람과 상대방의 입장에 서서 생각할 수 있는 사람으로 나뉘는 것이다.

상대방의 입장에 설 수 있는 사람은 프로젝트 전체를 볼 줄 아는 사람이다. 조직에는 그런 사람이 꼭 필요하다.

"왜 안 되는 거예요?!"라고 말하는 것도 마음 편한 일은 아니다. 상대방의 입장에서 현 상태를 파악하고, 상대방과 함께 과제를 해결하려고 하는 것. 이렇게 상대방의 입장에 서는 것은 비즈니스의 여러 방면에서 필수적인 자세다.

같은 이야기라도 말하는 사람에 따라서 이해하기 쉽기도 하고 어렵기도 하다.

특히 '이번 분기 매출은 ○○원이었다'와 같은 명백한 사실이 아니라, 새로 도입된 제도에 대한 해설, 새로운 기획에 대한 프레젠테이션, 발생한 사고에 대한 설명, 실패 원인 보고처럼 복잡하게 얽혀 있는 내용이라면 이해하기 쉬운지 어려운지 그 차이가 더욱 뚜렷하게 나타난다.

설명을 잘하는 사람들에게는 공통적인 특징이 있다. 바로 **'구체와 추상을 오간다'**는 것이다.

💬 의사소통은 구체와 추상을
오가는 고난도 작업

'추상'이란 많은 정보, 어떤 현상의 전체에서 공통적인 성질이나 특징을 뽑아내 일반적인 개념으로 이해하는 것이다. '구체'란 직접 지각하고 인지할 수 있는 형식이나 내용을 가진 것으로 추상의 개념에 해당하는 하나의 예다.

도형으로 그려진 정삼각형은 삼각형이라는 큰 개념에 속하는 구체적인 예다. 정삼각형은 틀림없이 삼각형이지만, 정삼각형이 아닌 삼각형도 존재한다.

아동에게 삼각형이 무엇인지 알려줄 때, '같은 일직선 위에 놓여 있지 않은 세 점과 그 점들을 이어서 만들어진 3개의 선분으로 이뤄진 도형'이라고 설명할 수도 있지만, 그보다는 실제로 그려서 보여주는 편이 이해하기 쉽다.

구체적으로 표현하면 이해하기가 쉬워진다. 삼각형을 설명하는 경우뿐만 아니라, 일반적으로 적용되는 말이다.

'TPO에 맞춰서 입고 와달라'고 지시하기보다 '이번 모임에는 격식을 차린 정장과 넥타이를 착용하고 참가해주세요'라고 전달하는 쪽이 구체적이라 이해하기 쉽다.

다만 문제도 있다. **구체는 어디까지나 '하나의 예시'일 뿐 전체는**

구체적으로 표현하면 이해하기 쉬워진다.

그렇게 말하면 못 알아듣습니다

아니라는 점이다.

단 하나의 예를 통해 전체를 파악하기란 불가능하다. 개념을 이해하기 위해서는 구체적인 예라는 '점'과 같은 지식을 '면'과 같은 지식으로 확장해야 한다.

반면에 **추상을 통해서는 전체를 파악할 수 있다.** 하지만 앞서 예로 든 삼각형에 대한 설명처럼, 이해하는 것 자체가 어렵다. '같은 일직선 위에 놓여 있지 않은 세 점과 그 점들을 이어서 만들어진 3개의 선분으로 이뤄진 도형'이라고 했을 때, 곰곰이 생각해보면 삼각형을 가리킨다는 것을 알 수 있지만, 삼각형보다 복잡한 대상에 대해 설명하려면 구체적인 예가 필요하다.

특별히 의식하지는 않더라도, 우리는 매일 '자연스럽게' 구체와 추상을 오가며 대상을 이해하고 상대방에게 설명하기도 한다.

이는 매우 대단한 능력인데, **'자연스럽게'라는 점 때문에 어렵다.** '어떤 것에 대해 설명할 때 무엇을 얼마나 구체적·추상적으로 설명해야 좋은가'란 누구에게나 쉽지 않은 문제다.

또한 상대방이 구체적으로 설명한 것을 내가 어떻게 추상화해서 이해해야 상대방이 전하고 싶었던 것과 같아지는지는 본질적으로 공유하기 어렵다. 구체화하는 방식이 편향돼 있으면 추상적인 이해를 하기에 충분하지 않을 수 있다.

❝❝❝ 자주 하는 실수 ①
대표 사례를 전체라고 믿는다

구체와 추상을 연결 지을 때 자주 발생하는 실수 중 하나가 어떤 특징적이고 대표적인 예를 그 개념이 의미하는 전부라고 믿는 것이다.

어린아이들은 아날로그 시계(동그란 문자판에 시침·분침·초침이 있는 것)와 디지털 시계(주로 사각형 문자판에 시각이 숫자로 표시되는 것)를 똑같이 '시계'라고 인식하지 못하는 경우가 있다.

아날로그 시계는 시계라고 생각하면서 디지털 시계는 시계라고 생각하지 못하는 경우와 디지털 시계는 시계라고 생각하면서 아날로그 시계는 시계라고 생각하지 못하는 경우가 둘 다 존재한다.

자신의 가정에서 사용하는 시계만 시계라고 인식하기 때문이다. 집에 아날로그 시계만 있는 아이는 '시계란 동그란 판 위에 숫자가 쓰여 있고, 시침·분침·초침이 있는 것'이라 인식하고, 집에 디지털 시계만 있는 아이는 '시계란 디지털 화면에 숫자가 표시되는 것'이라 인식한다. '평소에 보는 시계가 시계라는 개념의 전부'라고 생각하는 것이다.

'시계=아날로그'라고 생각하는 아이에게 디지털 시계만 있는 방에서 시계를 가져오라고 말하면 전혀 알아듣지 못한다.

구체와 추상을 연결 짓지 못하는 실수는 어른도 자주 저지른다.

구체와 추상의 연결은 문화나 관습에 따라 달라지는 경우가 많기 때문
이다.

예를 들어 깊은 의사소통이 이뤄지지 못하는 상황에서 '예산 자료를 준비하라'고만 지시했다고 해보자. 만약 지시받은 사람이 입사한 지 얼마 안 돼, 예산 자료에 어떤 내용을 포함해야 하는지 정확하게 이해하지 못하고 있다면 어떻게 될까? 게다가 이전에 다른 회사에서 예산 자료를 다뤄본 경험이 있어서 그렇게 만들면 된다고 믿고 있다면?

자료를 준비하라고 지시했지만 필요한 서류가 갖춰지지 않는 상황은 얼마든지 일어날 수 있다.

❝❝ 자주 하는 실수 ②
다른 카테고리를 같은 카테고리로 여긴다

다시 시계 이야기로 돌아가보자.

'시계란 동그란 판 위에 숫자가 쓰여 있고, 시침·분침·초침이 있는 것'이라고 생각하는 아이는 아날로그 저울, 온습도계도 시계라고 인식할 수 있다.

"이 방에 있는 시계는 필요 없으니까 버려주렴"이라는 말을 들었다면, 분명 아날로그 저울 같은 것도 버릴 것이다.

이런 현상도 구체와 추상을 연결 지을 때 발생하는 오류다.

어른도 비슷한 실수를 한다. 가령 시계가 아니라 프로젝트와 관련된 자료라고 해보자.

지시한 사람은 완료된 프로젝트의 자료만 처분해달라고 했는데, 지시를 받은 사람이 그것 외의 자료도 처분했다면 어떻게 될까?

'시키지도 않은 일까지 멋대로 하지 말라'며 혼이 나고 자료를 되돌릴 방법도 없다. 게다가 혼난 쪽은 '지시를 따랐을 뿐인데 혼이 났다'고 느낄 것이다. 상사의 반응이 불합리하다고 느껴 자칫하면 회사를 그만둘지도 모른다.

개념이 추상적일수록 이를 이해하기 위해서는 구체적인 여러 예가 필요하다. 단 하나의 점으로 면을 만드는 것이 아니라, 약간씩 다른 관점의 여러 사례를 기점으로 추상화하는 것이 중요하다.

하지만 **구체적인 예들 중 어디까지가 추상적인 개념에 포함되는지 직접 알려줄 수 있는 방법은 없다. 듣는 사람이 '이 예는 그 개념에 해당하는 것인가'를 하나씩 확인해 분명히 하는 수밖에 없다.**

참고로 아이들은 서서히 디지털 시계, 아날로그 시계, 벽시계, 알람시계, 손목시계, 나아가 해시계나 수시계처럼 형태가 전혀 다른 시계까지 모두 시계라고 파악하게 된다. 그리고 저울이나 온도계, 스톱워치처럼 형태는 비슷하지만 시계가 아닌 것도 구별할 수 있게 된다.

그렇게 말하면 못 알아듣습니다

처음에 시계는 '동그란 판 안에 숫자가 쓰여 있고, 시침·분침·초침이 있는 것'이라는 구체적인 점 하나에만 연결됐지만, 다양한 종류의 시계를 집 밖에서 경험함으로써 시계에 대한 사례가 늘어나고 개념이 추상화돼, 시계라는 카테고리의 의미가 정해진다. 또한 비슷한 형태더라도 시간을 알려주지 않는다면 시계가 아니라는, 시계의 카테고리 범위도 정할 수 있게 된다.

이 과정이 이뤄지는 데는 고도의 인지 능력이 필요하다.

🗨 자주 하는 실수 ③
구체와 추상이 올바로 연결되지 않는다

어린 시절 선생님이 "소풍 때 간식을 3,000원어치만 가져오세요"라고 이야기하면 아이들은 "바나나도 간식에 포함되나요?"라고 되묻고는 했다. 이는 '간식'이라는 추상에 '바나나'가 포함되는지를 묻는 질문이다. 당연한 말이지만, 구체와 추상이 올바르게 연결되지 않으면 우리의 인식은 엇갈리고 만다.

바나나가 간식에 포함되는지로 다툼이 일어나지는 않지만, **구체와 추상을 연결 지을 때 생기는 오류는 다양한 문제를 일으키는 요인**이다.

계약서를 작성할 때는 보통 어떤 사항이 계약서에서 규정될 것인지 처음에 정의한다. 부동산 계약이라면 어떤 건물의 어느 부분에 대한 내용인지, 의료보험 계약이라면 어떤 질병과 부상의 보장에 대한 내용인지 분명히 한다.

구체와 추상을 올바르게 연결 짓는 것은 우리에게 필요한 주요 능력 중 하나다.

이렇게 말하면 구체와 추상을 제대로 연결 짓는 일이 쉽게 느껴지겠지만 설명이 추상적일수록 이 일은 급격히 어려워진다.

'숫자'를 예로 들어 생각해보자. 숫자는 구체와 추상 모두와 관련이 있다.

'사과가 23개 있다'는 말은 '사과가 많다'는 표현보다 구체적이다. 하지만 '전체를 1로 뒀을 때 그중에 몇 할'이라는 사고방식, 즉 분수를 생각하면 갑자기 추상도가 높아진다.

'추상적인 개념으로 쓰이는 숫자'를 어려워하는 아이들이 아주 많다.

우리 연구팀은 초등학생이 학습에서 겪는 어려움을 알아보기 위해 '달인 테스트'라는 시험을 개발했다. 2020년 일본의 히로시마현 후쿠야마시의 초등학교 세 곳에서 3학년 167명, 4학년 148명, 5학년 173명을 대상으로 조사를 실시했다. 다음 문제에 대한 정답률은 각각 얼마나 될까?

문제: 1/2과 1/3 중 어느 쪽이 큰가요? 더 큰 쪽에 동그라미를

치세요.

정답: 1/2

이 문제의 정답률은 3학년 17.6%, 4학년 22.4%, 5학년 49.7% 로 모두 절반을 넘지 못했다. 한편 '사과 6개를 두 사람이 나누면 한 사람당 몇 개씩 받을 수 있나요? 세 사람이 나누면 몇 개씩 받을 수 있나요? 어느 때 더 많이 받게 되나요?'처럼 구체적인 문제로 바꾸면 정답률이 대폭 상승했다.

분수라는 추상적인 개념을 구체적인 수준으로 만들어서 다루는 것은 원래 어려운 일이다.

추상적인 개념으로 쓰인 숫자를 이해하는 데 아동의 스키마가 영향을 주기도 한다.

아동은 '숫자는 자연수'라는 신념(스키마)을 가지고 있기 때문이다. 어릴 때부터 '사과가 6개 있다'와 같이 숫자는 '물건'과 연결되는 것이라고 믿어왔다.

이런 스키마에서는 1/2이나 1/3 같은 분수는 함께 존재할 수 없다. 몇 년에 걸쳐 만들어진 스키마를 수정하지 않고, '(분할할 때) 기준이 되는 1'을 쉽게 이해할 수는 없다.

분수의 의미를 이해하지 못해서 분모든 분자든 '숫자가 크면 큰 수'라는 잘못된 스키마를 가진 경우도 있다. '1/3이 1/2보다 크다'

고 생각하는 이유는, 분자는 둘 다 1이지만 분모에서는 3이 2보다 크기 때문이다. 이런 잘못된 추상화가 이뤄지는 예는 무수히 많다.

숫자와 관련된 연결 짓기의 오류는, 보통 이후 몇 년에 걸쳐 공부하다 보면 서서히 바뀌고 수정된다. 하지만 수정되기 어려운 스키마도 있다. 스키마를 수정하는 것을 어려워하는 사람도 있다.

주변 직장인들 중 숫자에 너무 약한 사람이 있는가? 예산을 작성할 때 자릿수가 다른 엉뚱한 숫자를 적는 사람, 한 자릿수가 차이나는 청구서를 작성하고도 이상하다는 느낌을 받지 못하는 사람, 절대로 실행할 수 없는 공정표를 만드는 사람….

이런 사람들은 숫자라는 추상과 돈이나 시간이라는 구체를 아직까지 연결 짓지 못하는 것일지도 모른다.

참고로 분수의 대소 비교는 2023년 기준으로 챗GPT 같은 생성형 AI도 올바르게 답하지 못하고 있다. 생성형 AI도 추상적인 숫자의 '의미'를 이해하지 못한다는 사실을 시사한다. 애초에 생성형 AI는 인간과 다른 방식으로 답을 도출하기 때문에, 우리가 하는 말의 의미를 필요로 하지 않는다.

생성형 AI는 인간처럼 사고하지 않는다. 바꿔 말하면, 아무리 생성형 AI를 활용하더라도 인간의 사고력은 키워지지 않는다. 이에 대해서는 마지막 장에서 자세히 다루겠다.

🗨🗨 추상화는 꼭 필요한 걸 기억하게 해준다

여기까지 읽고 나면, '추상화'라는 개념이 너무 어렵게 느껴지기도 할 것이다. '업무 지시는 가능한 한 구체적으로 해야겠다'고 다짐하는 사람이 있을지도 모른다.

그러나 안타깝게도 인간은 모든 것을 구체에 해당하는 상태로 둘 수 없다. 머릿속에 **구체를 너무 많이 저장해두면 정보가 과도해져 뇌에 가해지는 부담이 커진다. 그래서 추상화를 통해 뇌의 부담을 줄인다.**

구체가 뇌에 가하는 부담이 크다는 사실은 다음의 경우를 생각하면 분명히 이해할 수 있다.

어느 날, 눈앞에 복잡한 무늬의 삼색 고양이가 지나갔다. 다음 날 다시 한번 삼색 고양이가 눈앞을 지나갔는데, 과연 전날 본 고양이와 같은 고양이일까?

두 고양이의 체격이 눈에 띄게 차이가 나는 등 명확하게 다른 점이 없다면 대부분의 사람들은 같은 고양이인지 아닌지 모를 것이다. 왜일까? 우리는 그 고양이를 '삼색 고양이' 또는 '고양이'라고 추상화해 기억하기 때문이다.

추상화했으므로 두 고양이가 같은 고양이인지는 알 수 없지만, 또 다른 고양이를 마주쳤을 때 고양이라고 인식할 수는 있다.

무늬나 체격이 전혀 달라도 고양이를 고양이라고 인식할 수 있는 것은 우리가 그 외형을 추상화하기 때문이다.

최근 들어 비즈니스 도서 분야에서 통계학 지식을 바탕으로 하는 책이 늘고 있는 것도 비슷한 이유에서일 것이다. 지금은 기술의 진보 덕분에 고객 데이터, 판매 실적 데이터 등 다양한 데이터를 어렵지 않게 모을 수 있다. 하지만 개별적인 숫자나 동향을 하나하나 전부 머릿속에 집어넣고 활용하려는 사람은 없을 것이다. 대부분의 경우 고객을 연령대별, 지역별, 특성별로 묶어서, 즉 추상화해 파악한다.

그렇게 함으로써 데이터를 개별적으로 인식했을 때는 보이지 않는 경향이나 특징을 파악할 수 있기 때문이다. 또한 새로운 고객이 나타나면 기존 고객과 대조해 해석하고 판단할 수 있다.

추상화를 하지 않고 하나하나를 개별 존재로 인식한 경우에는, 새로운 만남이 있을 때마다 방대한 데이터를 떠올리고 눈앞의 대상과 대조하는 작업을 거치지 않으면 올바르게 인식할 수가 없다.

고양이를 좋아하는 사람이라도, 아무리 유능한 직장인이라도, 이런 방식은 뇌에 큰 부담이 될 것이다. 앞서 설명했듯이 기억 장치로서 인간의 뇌는 신형 아이폰에 훨씬 못 미친다.

목적에 맞춰서 정보를 얼마나 구체화하고 추상화할지 조정하는 과정은 꼭 필요한 정보를 기억하기 위해 불가결하다.

그렇게 말하면 못 알아듣습니다

💬 추상화는 대상을
이해하도록 돕는다

추상화 과정을 통해 직접 만들어낸 대략적인 정보를 '표상 representation'이라고 한다. 당신이 가지고 있는 '고양이에 대한 이미지'는 시각적인 것으로, 표상에는 시각적 표상, 언어적 표상, 논리적 표상 등 다양한 종류가 있다.

독서를 할 때 정보가 처리되는 것도 표상을 만드는 과정이라 할 수 있다. 여기까지 책을 읽어오면서 모든 문장의 한 단어, 한 구절을 전부 기억하고 있지는 않을 것이다. 문장을 읽으면서 구체적인 표현은 읽은 즉시 잊어버리고, 대략적인 내용만 파악하며 계속 읽어왔을 것이다.

아주 인상적인 문장이 있다면 기억에 남겨야 하겠지만 그마저도 한 문장, 많아도 두세 문장이 한계다.

'이런 내용이 있었지'라며 자기 나름대로 논리적인 표상을 머릿속에 만듦으로써 계속해서 책을 읽어나갈 수 있다. 그리고 '이런 내용'은 책을 읽다 보면 업데이트된다.

한 단어, 한 구절을 기억하는 것이 아니라, 대강의 내용과 흐름을 스케치하듯이 파악해간다. 추상화 작업은 뇌에서 이해가 이뤄지는 과정에 해당하는 것이 틀림없다.

즉 우리는 추상화함으로써 대상을 이해하고 기억한다.

▎▎▎언어란,
정보를 압축하는 도구

'언어'는 추상화 개념과는 떼려야 뗄 수 없는 관계다.

예를 들어 눈앞에 핀 빨간 꽃을 보고 '꽃'이라 부르는 것은 분명 추상화의 결과다. 지금 보고 있는 꽃이라는 구체적인 물체는 말로 표현한 순간 추상적인 개념이 된다.

어떤 사건에 대해 설명하는 경우에도 특징적인 부분이나 강한 인상을 남긴 부분만 골라서 이야기하는 수밖에 없다. 아무리 구체적으로 설명하려고 해도 무언가를 생략하지 않으면 설명이 불가능하며, 듣는 사람은 기억하지도 못한다.

언어를 활용해 추상화함으로써 우리는 아주 상세하고 많은 양의 정보를 압축할 수 있다. 몇만 픽셀이나 되는 사진도 수킬로바이트의 동영상도, 언어로 바꿔서 표현하면 데이터 크기는 매우 작아진다. 기억에 부담을 주지 않으면서 이해할 수 있는 것이다.

예를 들어 우리는 '설경'이라는 말에서 어떤 이미지를 떠올린다. 설경의 사전적 의미는 '눈이 내리는 풍경', '눈이 쌓인 풍경'이다. 설경이라고 표현하기에 알맞은 풍경은 수없이 많다. 구체적인 풍경 하나하나를 전부 알지는 못하더라도 자신이 경험을 통해 만들어 놓은 표상이 있다면, '설경'이라는 추상화된 단어에 어떤 의미를 부여하면서 그 단어를 이해할 수 있다.

바꿔 말하면, **언어는 인간이 쉽게 처리할 수 있는 용량으로 정보를**

그렇게 말하면 못 알아듣습니다

압축하는 역할을 하고, 우리는 언어로부터 구체적인 이미지를 떠올릴 수 있다.

💬 이해가 잘되는 설명은 훈련이 필요하다

단 언어를 사용하는 능력은 아무 노력 없이 저절로 생기는 것이 아니다. 학습을 통해서 익혀야 한다. 추상화 능력 역시 언어를 습득하면서 몸에 익혀지는 것이다.

예전에 네 살짜리 자녀를 둔 한 어머니가 "저희 딸은 지하철에서든 길에서든 연령대가 확실하지 않은 여성을 발견하면 손가락으로 가리키면서 '엄마, 저 사람은 아주머니야?'라고 물어봐서 곤란해요"라고 말한 적이 있다. 그 아이는 '아주머니'라는 추상적인 단어를 정의하는 중이었을 것이다.

주제에서 조금 벗어난 이야기를 잠깐 하자면, '아주머니'라는 단어는 정의하기 꽤 어려운 부류에 속한다. 기혼 여성이라는 의미로 쓰이기도 하고, 특정 연령층에 해당하는 여성을 가리키는 단어로도 사용되기 때문이다. 게다가 그 연령층에 해당하는 사람이라도 '언니'라고 불리는 경우도 있다.

'설명이 추상적이다'라는 말 뒤에 종종 '이해하기 어렵다'는 말이 따라오기도 하는데, 애초에 말로 하는 설명은 그 자체가 추상적이다. **추상화해 표상으로 만들어놓으면, 기억으로 다루기 쉽고 다양한 문맥에서 사용할 수 있도록 확장이 가능해진다.**

다만 **그 추상적인 표현이 '설정'이라는 단어처럼 상대방의 머릿속에서 구체적인 이미지와 오류 없이 연결되고, 올바른 카테고리로 인식돼야 '이해하기 쉬운 설명'이라고 볼 수 있다.**

그렇게 말하면 못 알아듣습니다

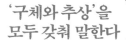

**'구체와 추상'을
모두 갖춰 말한다**

　마지막으로 구체와 추상에 관련된 문제를 알아보고, 추상을 통해 얻을 수 있는 이점을 살리면서 전달하려는 내용을 올바르게 전하는 방법을 살펴보겠다.

　그 열쇠는 바로 '예시'에 있다. 무언가를 설명할 때는 언어라는 추상화된 기호를 사용할 수밖에 없다. 언어를 이용해 구체를 표현하고, 전달하고자 하는 이미지를 상대방의 머릿속에 그려주는 것이 잘 전해지는 설명이다.

　그러니까 무언가를 설명할 때는 몇 가지 또는 아주 많은 구체적인 예를 이용하면 이야기의 범위를 명확하게 할 수 있다.

다만 '강렬한 예시를 하나만 드는 것'은 피해야 한다. 강렬한 예시 때문에 잘못된 방향으로 과도하게 추상화나 일반화되는 경우가 많기 때문이다. 따라서 상대방이 한 가지 예시만 듣고 '모두 그렇다'고 생각하지 않도록 설명할 때 주의해야 한다.

면에 대한 설명을 하면서 구체적인 예인 점을 여러 가지 제시하고, 그 점들이 면에 해당하는 것이라는 사실을 상대방이 이해하게 해야 한다. **'점＝면'이라고 착각하지 않도록 해준다.**

추상화는 인간의 이해와 기억을 돕는 과정이다. 이 책의 주제 중 하나인 '언어'는 대상을 추상화하는 방식 중에서도 우리에게 가장 익숙한 예다.

말로 전하고 싶은 것이 있다면, '구체와 추상' 양쪽 요소를 모두 갖추고 설명했는지 늘 확인하기 바란다. '상대방이 어떻게 이해할까'를 배려하면서 듣는 사람이 납득할 수 있도록 구체와 추상을 오가며 설명해야 한다.

구체와 추상의 간극을 메우는 OJT

언어를 통한 전달이 결국 추상적이라는 점을 고려하면, 왜 직원들을 앉혀놓고 설명만 하는 것보다 '직장 내 훈련OJT, On the Job Training'을 하는 쪽이 업무를 익히는 데 더 효과적인지 이해할 수 있다.

함께 일을 하면서 배울 때 업무를 쉽게 익힐 수 있는 이유는, 책상 앞에 앉아서 배운 추상적인 부분을 실제 업무라는 구체로 보완할 수 있기 때문이다.

인간의 학습이라는 측면에서도 OJT는 매우 유용하다. 선배랑 같이 일하면 설명으로 들은 것과 경험을 결합해 새로운 관점을 얻을 수 있고, 자신의 고정관념도 알아차릴 수 있다.

또한 선배 입장에서도 신입 사원이 무엇 때문에 놀라고, 어떤 의문을 가지며, 어려워하는 게 뭔지 알게 돼 새롭게 배우는 면이 있다. 신입 사원과 함께 일하는 방식을 검토함으로써 기존의 업무 프로세스가 개선되기도 한다.

마찬가지로 '알려주는 것을 배우기'보다 '기술을 훔치기', '보고 배우기'가 일을 익히는 데 더 도움이 된다.

유명한 요리사나 파티시에가 수습생 시절을 돌아볼 때 자주 나오는 에피소드로, 냄비에 눌어붙은 소스 또는 음식을 담았던 접시를 핥았다거나 손님이 남긴 음식을 먹어봤다는 이야기가 있다. 그런 모습에서 스승의 기술을 훔치겠다는 필사적인 자세를 엿볼 수 있다. 같은 시기에 같은 곳에서 수습생으로 일했더라도, 기술을 훔치겠다는 마음가짐이 있었는지 없었는지로 성장의 정도는 크게 차이가 난다. 그저 기다리기만 해서는 성장이나 성공이 저절로 이뤄지지 않는다.

기술을 훔친다는 건 단순히 지켜보는 것만을 의미하지 않는다. 스스로 분석하고 가설을 설정해 검증하는 것이다. 요리사라면 냄비에 눌어붙은 소스를 핥아보고 소스에 들어간 재료와 비율을 분석하는 것, 자신은 왜 똑같은 맛을 낼 수 없는지 직접 만들어보면서 연구하는 것과 같은 과정을 계속해나가는 것이다.

초일류는 자신도 그런 식으로 기술을 훔치면서 배웠기 때문에 '가르치는 데는 한계가 있다'는 사실을 안다. 소극적인 자세로는 일류가 될 수 없음을 잘 알고 있다.

언어를 학습할 때도 마찬가지다. 많은 영어 표현을 배우고 암기했다고 해도, 암기한 표현밖에 사용할 줄 모른다면 의미가 없다.

그저 수동적인 태도로 배우기만 한다면 모국어의 스키마를 이기지 못해 대부분의 정보가 기억에서 사라지고 말 것이다.

자신이 '모국어 편향에 지배돼 있다'는 의식을 하면서 외국어를 듣거나 읽을 수 있는가? 문법에 오류가 없이 자연스럽게 읽을 수 있는 문장을 쓸 수 있게 돼도, 표현력을 키워나가기 위해 노력하고 있는가? 모국어 편향을 거쳐서 이해하게 된 영어와 원어민의 영어는 어떻게 다른가? 이런 것들을 분석하면서 계속 배워나가면, 영어의 스키마를 통해 영어로 생각하고 말할 수 있을 것이다.

그렇게 말하면 못 알아듣습니다

의도를
읽는다

지금까지 언어는 추상적이기 때문에 자신이 생각하는 것 그 자체를 상대방에게 전달할 수 없다고 이야기해왔다.

그런데도 일상적으로 소통이 이뤄진다는 사실이 새삼 신기하게 느껴지기도 할 것이다. 이것이 가능한 이유는 **우리가 자신에게 전해지지 않은 상대방의 생각을 추측하거나, 단편적인 정보로부터 사실관계를 찾아내 상대방의 이야기를 머릿속에서 재구성하며 듣고 있기 때문**이다.

업무에 관련된 내용이나 들려주고 싶은 에피소드처럼 목적이 있는 의사소통의 경우에는, 상대방이 재구성하는 데 필요한 힌트를 가능한 한 빨리 제시해야 의사소통에서 '오해가 줄어든다'. 회사에서 '결론부터 말하라'고 가르치는 것도 이 때문이다.

또는 메일의 제목을 제대로 쓰기만 해도 읽는 사람에게 의도가 잘 전달된다. 힌트가 전혀 없는 상태에서 상대방의 이야기를 재구성하려면 중요한 말인지 아닌지도 모른 채 일단 기억하는 수밖에 없다. 이는 뇌에 매우 부담을 주는 정보 처리 방식이다. 그런 부담을 피할 수 있도록 중요한 정보를 잘 구별되고 적절한 스키마를 떠올리기 쉽게 해, 정보와 정보를 연결 지을 수 있는 힌트를 제시하는 것이 '결론부터 말한다'는 말의 의미다.

그렇다고 우리가 일상적인 대화에서 늘 결론부터 말하지는 않는다. 그런데도 어떻게 상대방의 이야기를 이해할 수 있는 걸까?

🗨️ '결론부터 말해!'가 안 지켜져도 소통이 가능한 이유

우리는 상대방의 이야기를 들을 때 기본적으로 '의도'를 읽으려고 한다. 많은 사람들이 업무에서뿐만 아니라 다양한 의사소통을 하며 상대방의 의도를 읽는다.

새로운 기획을 제안받았을 때는 기획의 의도부터 파악하려고 한다. 왜 그런 기획을 제안한 것인지, 목적이 무엇인지가 파악되지

그렇게 말하면 못 알아듣습니다

않는다면 그 기획은 어떤 조직에서도 통과되지 않을 것이다. 또는 상사가 갑자기 "내일은 평소보다 한 시간 일찍 출근하게"라고 말한다면 '왜?'라는 생각이 드는 게 당연하다. 이 경우에도 상사의 의도를 모른다면 어떻게 행동해야 할지 판단할 수 없다.

그렇다. 우리는 의사소통을 할 때 **언제나 상대방의 의도를 신경쓴다.**

초점을 상대방에게 맞춰 추론한다

'의도를 읽는다'는 말을 사전적으로 해석하면 '이렇게 해야지'라는 상대방의 생각, 계획, 목표를 짐작하는 것을 의미한다. 이때 초점은 어디까지나 '상대방'에게 맞춰져 있다.

따라서 지금까지 이야기해온 '(비인지적 능력이나 성격의 문제가 아닌, 마음이론이나 메타인지에 기초한) 상대방의 입장에서 생각하기'가 의도를 읽는 데 필수적이다.

또한 상대방의 생각, 계획, 목표는 직접 알려주지 않기 때문에 스스로 추측하고 추론하는 능력이 필요하다.

나아가 생각, 계획, 목표의 바탕에 있는 감정 또한 의도에 영향을 준다.

즉 상대방의 의도를 읽으려면 '어떤 관점에서, 어떤 스키마를 가지고 상황을 이해하고 있으며, 상황에 대해 어떤 감정을 가지고 있는지를 추론'할 수 있어야 하며, 여기에는 상대방의 감정도 크게 관련된다.

💬💬 일상을 지탱하는 추측과 추론의 힘

'추측' 또는 '추론'이라고 하면 명탐정 셜록 홈스가 가진 추리력처럼 특별한 능력을 떠올리는 사람도 있을 것이다. 하지만 사실 우리는 업무나 일상생활의 여러 상황에서 이미 추측이나 추론 능력을 발휘하고 있다.

길을 건널 때를 떠올려보자. '차가 올지도 모르니까' 좌우를 살피며 안전하다는 것을 확인하고 '안전할 것 같다'는 판단이 서면 길을 건널 것이다. 추측이나 추론 능력을 발휘하지 않고, 즉 차가 올지도 모른다는 예측을 하지 않고 안전한지 따져보지 않은 채 건너면 위험에 빠진다.

또는 하늘이 흐리면 '비가 올 것 같다'고 예측하며 가방에 우산을 챙기기도 한다.

더욱 전략적으로 의도를 활용하는 경우도 있다. 다음 달 여행 계

그렇게 말하면 못 알아듣습니다

획을 세울 때는 물론, 예산을 책정하거나 프로젝트의 공정표를 제작할 때, 부정적으로 작용하는 요소를 밝혀낼 때도 추측이나 추론 능력이 필수다. 재해 대비, 건물 건축 계획처럼 전문가의 지식과 기술이 필요한 일에 대해서는 그 역할을 맡아줄 사람을 찾고 의뢰함으로써 대처한다.

의도를 읽기 위해서는 이렇게 일상적으로 행하는 추론을 '인간'에게 초점을 맞춰 실행해야 한다.

한편 '의도를 읽는 능력'은 학습 능력과도 깊은 관련이 있다.

의도를 잘 읽는 사람은 시험에서도 출제자의 의도를 제대로 읽어낼 수 있으므로 답을 맞힐 때가 많다. '무엇을 묻고 싶어서 이 문제를 출제했는가'를 파악할 수 있다면 정답에 가까워질 가능성이 높고, 문제를 푸는 속도도 빨라진다.

'촌탁'은 상대방의 의도를 읽는 것과 같을까?

　지나친 촌탁이 기사화되는 일이 늘어나고 있다. 예를 들어 어떤 조직에 회계 부정이 있는 경우, 윗사람의 마음을 촌탁해 정확한 결산 보고를 올리지 않은 탓에 발견이 늦어지거나 문제가 커지는 일이 발생한다.

　지금까지 설명해왔듯이, 논리적으로 행동하는 것처럼 보이는 비즈니스의 세계에서도 중심에 있는 것은 인간의 감정이다.

　촌탁의 사전적인 의미는 '남의 마음을 미루어서 헤아리는 것'이다. 타인의 감정을 배려하는 것, 상대방의 기분을 이해하려고 노력하는 것은 일반적으로 좋은 자세이며, 업무에서도 좋은 판단으로 이어질 때가 많다. 이 책에서도 그런 태도가 중요하다고 여러 번 강조해왔다.

그런데 왜 타인의 감정을 배려하는 것이 사건 사고로 이어지는 것일까?

바로 목적이 바뀌었기 때문이다.

이 책은 의사소통을 중심으로 하여 업무에 필요한 인지 능력에 대해 다루고 있다. 의사소통은 다양한 인지 시스템을 바탕으로 이뤄진다. 하지만 '의사소통을 원활하게 하는 것'이나, 이 장에서 이야기한 '상대방의 의도를 읽는 것'은 일의 목적이 아니다. 오히려 일에서 큰 목적을 달성하기 위해 활용해야 하는 능력이다.

촌탁이 문제가 되는 경우에는 이 관계가 역전돼 있다. 앞서 소개한 촌탁 때문에 정확한 결산 보고를 올리지 않는 행위가 전형적인 예다.

정확한 결산 보고를 올리지 않는 것은 **일을 잘 해내는 것보다 타인의 감정을 배려하는 것을 우선으로 하는 태도다. 이것이 문제다.**

마찬가지로, 어떤 문제를 해결하는 바람직한 방향성이 언제나 상사의 기분과 일치하는 건 아니다. 비즈니스에서 이익을 얻기 위해 '상사의 기분이 아니라 다른 방향을 택하는 편이 좋다'는 사실을 충분한 근거를 가지고 이해하고 있다면, 상대방의 감정을 이해한 후에 그것을 따르지 않는 선택을 하는 게 좋을 것이다.

일본 역사에서 '촌탁' 하면 떠오르는 인물이 있다. 바로 나라 시대에 활약했던 와케노 기요마로(733~799년)다.

때는 쇼토쿠 천황을 섬기던 시절. 쇼토쿠 천황의 총애를 받던 승려 도쿄가 황위를 노리는 일이 있었다. 이를 저지한 사람이 와케노 기요마로다. 그는 도쿄를 너무 아낀 나머지 황위를 물려주고 싶어했던 천황의 뜻을 받들어, 우사하치만궁으로 신탁을 듣기 위해 떠났다. 그리고 '도쿄가 천황이 되면 안 된다'는 내용의 신탁을 천황에게 전했다.

당시 관료였던 와케노 기요마로는 쇼토쿠 천황이나 그 시대의 권력자였던 도쿄에게 촌탁하지 않고 여러 궁리 끝에 자신의 뜻을 관철했다. 와케노 기요마로는 한때 유배를 당하기도 했으나, 도쿄가 실각하자 중앙으로 돌아갔고 간무 천황의 측근으로 활약했다.

이 사건은 '도쿄 사건' 또는 '우사하치만궁 신탁 사건'이라고 불린다.

상대방이 법을 위반하거나 사회적인 규범을 어기려고 할 때 촌탁한다면, 사회적으로 큰 손해를 끼칠 뿐만 아니라 자칫하면 촌탁한 자신이 체포당할 위험이 있다.

상사는 당신에게 직접 지시한 것이 아니므로 죄를 뒤집어쓰는 것은 다름 아닌 당신이다. 이런 관점으로 신문을 읽으면, 촌탁에서 비롯된 것으로 보이는 사건이나 이로 인해 체포된 사람들이 눈에 들어올 것이다.

그렇게 말하면 못 알아듣습니다

촌탁과 같은 태도는 일본에만 있는 것이 아니다. '윗사람의 의도를 헤아리고 알아서 행동하는 것'을 당연시하는 사회에서 상대방의 의도를 지나치게 헤아리다가는 정작 자신에게 불이익이 생길 수도 있다.

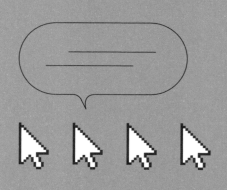

4장

소통의 달인에게 배우는
'불통을 극복하는 의사소통법'

좋은 의사소통이란 무엇일까?

'좋은 의사소통'이 무엇인지 생각할 때 내 머릿속에 떠오르는 조직이 있다. 바로 국제 인지과학회CSS, Cognitive Science Society라는 학술단체의 운영위원으로서 내가 참가하고 있는 위원회다.

이 위원회에는 세계 각국에서 선거로 선출된 인지과학 연구자들이 모여 있다. 다음 학회는 어디에서 열 것인지, 학회를 어떻게 운영할 것인지, 젊은 연구자나 선진 연구가 이뤄지지 못하고 있는 지역의 연구자들을 어떻게 지원할 것인지, 갑질이나 성희롱을 막기 위해 무엇을 할 것인지 매번 다양한 의제에 대해 논의한다.

이 위원회의 논의는 다음과 같은 특징이 있다.

- 의견이 활발하게 나온다.
- 서로 이야기를 잘 들어준다.
- 자기 주장이 강한 사람이나 고집이 센 사람의 의견에 휩쓸리지 않는다.
- 타인의 실수를 물고 늘어지기보다 긍정적으로 받아들이고, 좋은 점은 인정하고 함정이나 부족한 점을 살펴본다.
- 무턱대고 따르지 않는다.
- 분위기가 험악해지지 않는다.
- 타협점을 찾으려고 한다.

애초에 사회 공헌에 관심이 많고 다양성에 대한 이해도가 높은 연구자들이 선거를 통해 뽑힌 조직이기도 하지만, 이 정도로 논의가 원활하게 진행된다는 사실에 매번 감동을 받는다.

좋은 의사소통을 말할 때 곧바로 떠올릴 사례가 있다는 것은 기쁜 일이지만, 한편으로는 이런 경우를 제외하고는 언제나 좋은 의사소통이 이뤄지는 것은 아니라는 의미이기도 하다.

또한 이렇게 기분 좋은 의사소통은 단지 방법만 안다고 가능한 건 아니라는 게 내 솔직한 생각이다. 이 책에서 소개해온 인지 능력의 특성을 잘 이해하고 서로 배려할 때 비로소 좋은 의사소통이 가능해질 것이다.

책을 집필하면서 '소통의 달인'으로 보이는 여러 사람들을 취재

그렇게 말하면 못 알아듣습니다

했다. 지금까지 소개한 비즈니스 현장의 구체적인 사례는 대부분 그들에게서 들은 이야기다.

그렇게 의사소통을 할 수 있게 되는 것이 이상적인 목표이기는 하지만, '이런 상황에서는 이렇게 반응하면 된다'는 식의 방법론으로는 이룰 수 없는 일이다.

서로 다른 스키마를 가진 사람들의 의사소통인 이상, 그리고 상황이 그때그때 크게 달라지는 이상 이는 어쩔 수 없다.

세계적인 경영자의 대화법을 흉내 내거나 유행하는 비즈니스 도서의 '센스 있게 바꿔 말하는 법'을 공부하는 것도 마찬가지다.

오타니 쇼헤이 같은 초일류 선수의 타격 자세만 따라 한다고 공을 치지는 못할뿐더러, 오히려 부자연스럽게 힘이 들어가 부상당할 위험까지 있다. 안타깝게도 **겉모습만 흉내 내서는 성공할 수 없다.**

🗨🗨 알맹이가 들어 있는 본질을 훔치자

그렇다고 소통의 달인들이 행동하는 방식을 아는 것이 아무 의미도 없다는 뜻은 아니다. 그들은 의사소통을 어떻게 이해하고, 무엇에 신경 쓰며, 어떻게 행동하는가. 이를 안다면 소통의 달인에 조금이나마 가까워질 수 있을 것이다.

이 장에서는 소통의 달인들이 의사소통에 임하는 태도에 대해 정리해보겠다.

조직과 사회를 위한 '돈 사용법'

이 장의 주제와 조금 벗어난 이야기를 하자면, 앞서 소개한 국제 인지과학회CSS의 운영위원이 된 후 크게 감탄한 것이 있다. 바로 돈을 만들고 사용하는 방식이었다. 국제 인지과학회에서는 그런 것도 운영위원회에서 결정했다.

국제 인지과학회는 학술단체지 영리단체가 아니다. 하지만 경제적으로 지원이 필요한 연구자가 학회에 참가할 수 있도록 장학금 등을 제공하고 있다.

학회 운영 비용의 대부분은 학회 참가자들의 참가비와 기업 후원금으로 조달하는데, 인지과학이 산업과 직접적으로 연관되지 않은 기초과학이다 보니 기업 후원금이 많은 편은 아니다. 학회 참가비도 학생이나 경제적으로 풍족하지 않은 지역의 연구자들이 참가할 수 있도록 다른 학회에 비해 매우 저렴한 편이다.

한편 학회의 공간 대여비나 설비비가 급등하고 있어서, 최근에는(특히 코로나 이후) 학회 참가비만으로는 감당하기가 어려운 실정이다.

이런 상황에도 불구하고, 지금까지 모은 돈을 안정적으로 투자하고 투자 이윤을 필요한 비용에 충당한 결과 매년 흑자를 기록하고 있다.

운영위원들은 학회의 저축을 늘릴 필요가 없으니 돈이 생기면 적극적으로 회원들을 지원하는 데 사용하고, 동시에 그 돈이 고갈되지 않도록 잘 투자해 균형을 유지해간다는 방식에 동의했다. 이에 따라 담당자가 투자 회사의 도움을 받으면서 필요한 돈을 만들고 있다.

물론 리스크가 존재한다는 것도 알고 있다. **리스크에 어떻게 대처할 것인가, 리스크가 생겼을 때 인간이 어떤 편향에 빠지고 어떤 실수를 저지르기 쉬운가는 인지과학 연구에서 중요한 부분이다.** 다양한 리스크를 예상하고 어떤 리스크는 감수하기도 하면서, 회원을 지원하는 데 필요한 돈을 적극적으로 마련하고 있다. 사행성은 전혀 없다.

인지과학은 인간의 마음이 어떻게 이뤄져 있는지 분명하게 밝히기 위한 학문인데, 일류 인지과학자들로 구성된 팀이 경제적인 부분에서도 윤리적이고 사회에 도움이 되는 의사결정을 할 수 있다는 데 감탄했고, 내가 그곳의 일원이라는 사실이 매우 자랑스럽게 느껴졌다.

'소통의 달인' 특징 ①
실패를 성장의 양식으로 삼는다

집필 과정에서 소통의 달인들에게 많은 이야기를 들으며 알게 된 점은, 그들이 자신의 실패담을 잘 기억한다는 것이었다.

누구에게 어떤 실수를 했는지, 어떤 점이 잘못이었는지, 왜 실패했는지, 그 경험을 바탕으로 어떻게 변화했는지 상세하게 기억하고 있었다.

물론 취재를 하면서 '실패담과 그것을 통해 배운 점을 알려달라'고 요청하기는 했지만, 많은 사람들이 여러 에피소드와 반성할 점, 그리고 자신만의 소통 방식을 이야기해줬다.

'반성하는 자세'야말로 소통의 달인에게서 훔쳐내야 할 첫 번째 대상이다.

지금까지 반복해서 이야기해왔듯이, 우리가 당연하다고 생각하며 행하는 '무언가를 올바르게 파악하고, 이해하고, 기억하고, 그것을 누군가에게 정확하게 전달하는 일'은 사실 대단한 인지 능력을 바탕으로 이뤄진다.

그리고 이해와 의사소통의 과정에서 착각하거나 잊어버리거나 못 듣거나 잘못 듣거나 놓치는 등의 실수를 저지를 수 있다.

특히 요즘에는 기술의 발전으로 다양한 일을 동시에 처리하는 경우가 많아지다 보니 인지 능력에도 부담이 가중되고 있다. 이런 환경에서는 더더욱 실수를 저지르기 쉽다.

많은 업무들이 여러 사람의 고차원적인 인지 능력을 통해 실행된다. 자신이 실수를 하지 않더라도 업무와 관련된 사람이 늘어날수록 소통에 오류가 생기고, 결과적으로 소통에 실패하게 될 수도 있다.

소통의 달인들은 이런 실수와 실패는 어쩔 수 없이 발생하는 것으로 보고, 어떻게 하면 실수나 실패의 영향을 최소화할 수 있을지를 고민한다. 실패에서 교훈을 얻고 개선해나감으로써 의사소통 능력을 키우는 것이다.

그렇게 말하면 못 알아듣습니다

💬 실패나 잘못을 인정하지 못하는 건 '성격' 문제일까?

비즈니스 도서나 철학서에는 실패에 대한 이야기가 자주 나온다. 실패가 소중한 기회라는 데는 이견이 없다.

다만 중요한 것은 실패를 겪은 후에 '그 실패를 분석할 수 있는가'다. 실패 자체가 아니라 '실패의 분석'이 핵심이다.

분석력이 없는 사람은 실패한 후 주눅만 들어 또다시 실패를 반복하게 된다. 실패 후에 분석이 따르지 않으면 의미가 없다.

그리고 분석을 했다면 수정해나가야 한다. **'실패·분석·수정'을 모두 할 수 있는 사람만 '실패는 귀중한 기회다'라고 말할 수 있다.**

실패를 알아차리고 그것이 실패라고 인정하는 데도 인지 능력이 요구된다. 많은 사람들이 '실패를 인정하지 못하는 사람'을 향해 '고집이 세다'거나 '속이 좁다'며 성격에 문제가 있는 것처럼 보는 경향이 있는데, 사실 **성격의 문제로만 치부할 수는 없다.**

3장에서 메타인지를 설명하며 시스템 2 사고에 대해 이야기했다. 시스템 1 사고가 직관적이고 빠른 것이라면, 시스템 2 사고는 사고 과정을 되돌아보면서 심사숙고하는 것이다. 실패를 인정하지 못하는 성격이 형성되는 데는 시스템 2 사고를 하지 못했다는, 인지 능력과 관련된 요인이 작용했을 가능성이 높다.

💬 인간은 자신의 편향을 알아차리지 못한다

이렇듯 인간이 자신의 실패를 인정하기 어려운 이유는, 자신이 가진 편향을 쉽게 알아차리지 못하기 때문이다. 이와 관련해, 일본 기업에서 영업직으로 근무하고 있는 G가 흥미로운 경험담을 이야기해줬다.

북미 담당이었던 G는 자사 서비스에 대한 팸플릿을 제작해 미팅을 진행했다. 그때 가지고 간 팸플릿은 다음 페이지와 같은 형식이었다.

그런데 미국 기업의 마케팅 디렉터였던 J는 팸플릿을 본 순간 이렇게 말했다.

"이대로는 안 됩니다."

순식간에 튀어나온 반응이었기에, 서비스 내용이 잘못됐거나 필요한 정보가 빠져 있는 것은 아닐 터였다. 그렇다면 무엇이 안 된다는 뜻이었을까?

여러분도 생각해보기 바란다.

그렇게 말하면 못 알아듣습니다

팸플릿에 나타난 '편향'은?

G는 곰곰이 생각해봤지만 무엇이 어떻게 잘못된 건지 도무지 알 수 없어 J에게 직접 물었다.

그러자 J는 성별과 역할이 짝지어진 일러스트가 문제라고 지적했다. 애널리스트, 연구자, 영업 등 연봉이 높은 역할은 모두 남성이었다. 여성이 그려진 경우는 오퍼레이터뿐이었다.

책임이 필요한 업무는 남성이 맡고 지원해주는 역할은 여성이 맡는다는 무의식이, 그림을 제작한 G와 이를 승낙한 G의 직장에 작용했다는 것을 알 수 있다. G는 J에게 지적을 받고 처음으로 자신에게 편향이 있다는 사실을 알게 됐다고 한다.

이 사례를 통해 이야기하고 싶은 것은 '일본인의 젠더 의식이 부족하다'는 것이 아니다.

미국의 한 오케스트라에서 단원 오디션을 볼 때 심사위원과 지원자 사이에 스크린을 세워서 시각 정보를 차단했더니 여성 채용률이 50%나 증가한 경우처럼 미국인도 예외는 아니다.

우리는 누구나 특정한 편향을 가지고 있으며, 이 사실을 알아차리지 못한다. 그것을 전제로 의사결정을 내리고, 그런 행동을 통해서 '성격'을 평가받는다.

비즈니스의 달인들은 메타인지를 연마해 이와 같은 사실을 잘 알고 있기 때문에, 매번 자신의 행동을 돌아보며 '반성'한다.

그렇게 말하면 못 알아듣습니다

❝❝ 유용한 반성을 위해
필요한 메타인지

여담이지만, 반성을 정확하게 하기 위해서도 메타인지 능력이 필요하다.

어린이가 수학 문제를 풀다가 중간에 계산 실수를 했을 때 어디에서 실수한 것인지 알려면 적어도 자신이 '틀렸다'는 사실을 알아차리는 능력이 있어야 한다. 문제가 어려워질수록 고차원적인 계산 능력이 요구될 것이다.

이번 책을 위해 취재를 요청했을 때 "제 인생은 반성의 연속이에요. 소통의 달인이라니, 말도 안 돼요"라고 답하는 사람들이 대부분이었다. 달인은 달인의 수준에서 반성하며 의사소통 능력을 더더욱 향상시키고 있다. 하물며 달인의 경지에 이르지 못한 우리는 어떡해야 할까. 자신의 의사소통을 되돌아보고 무엇을 발전시켜야 할지 고민해볼 필요가 있을 것이다.

지금까지 언급한 내용 중에는 인지의 틀인 '스키마'의 차이와 관련된 것들이 많았다.

자신과 상대방이 스키마라는 서로 다른 필터를 통해 대상을 이해한다는 사실을 인식한 후에, 의사소통에 접근하는 방식은 크게 두 가지로 나뉜다.

첫 번째는 필터를 동일하게 만드는 것이고, 두 번째는 **필터가 달라도 자신이 의도하는 바가 전해지도록 전달하는 것**이다.

전자인 필터를 동일하게 만드는 것이 가능하다면 의사소통에서 발생하는 다양한 문제가 해결되겠지만, 안타깝게도 스키마의 특성상 불가능한 일임을 이제는 알 것이다.

따라서 우리가 취해야 할 접근 방식은 후자다. **필터가 달라도 자신이 의도하는 바가 전해지도록 전달하는 것. 그리고 이런 접근 방식의 전제인 '필터의 차이'를 받아들이는 것이다.**

예를 들어 어떤 부서에 신입 사원 2명이 들어왔다고 해보자. 한 사람은 간단히 업무 지시를 하면 바로 행동으로 옮기는 데 반해, 다른 한 사람은 지시만 하면 스스로 행동하지 못해서 처음에는 함께 일을 하면서 보여줘야 한다. '하나를 보면 열을 안다'는 말이 있기는 하지만, 그렇다고 해서 전자를 '일 잘하는 사람', 후자를 '걱정되는 사람'으로 보는 것은 경솔한 판단이다.

꼬리표를 붙이기 전에 각자의 배경지식이나 암묵적인 이해가 어떤 상태인지 민감하게 살펴야 한다. 신입 사원의 배경지식이나 암묵적인 이해는 그 사람이 자라온 환경에 따라 매우 다르다. 이런 개인차를 인정한 후에 업무를 시작하지 않으면, 자신과 비슷한 필터를 가지지 않은 사람을 부정하게 된다.

최근에 들은 일화를 소개하자면, 어떤 중견 기업의 영업 부장이 요즘 유행하는 노출 의상을 입은 여성 신입 사원을 이렇게 지적했다고 한다.

"○○ 회사에 가는데 그 복장으로 괜찮겠어?"(보수적인 회사에 방

문하는 거니까 노출은 피해달라는 뜻)

이 말을 들은 신입 사원이 "춥지 않아서 괜찮아요!"라고 대답해 부장이 할 말을 잃었다는 이야기였다.

그 회사의 영업부에는 지금까지 비슷한 스키마를 가진 사람들이 모여 있었으므로, 부장은 복장에 대한 자신의 생각과 신입 사원의 생각이 다르다는 사실에 놀란 것이다.

'암묵적인 이해'에서 벗어난다

암묵적인 이해는 애초에 언어화돼 있지 않다. 그러니 암묵적인 것이다. 언어화되지 않은 것은 그 세계에 들어간 지 얼마 안 된 사람은 배우기 어려운 법이다. 실제로 일본 기업에서는 이와 같은 어려움을 겪는 사람을 자주 발견할 수 있다.

스키마의 차이는 종종 '경험의 차이' 또는 '상대방의 마음을 헤아리는 능력의 유무'로 여겨져서 우열이 가려지거나 '세대 차이'로 치부돼 비판의 대상이 되기 쉽다. 이런 생각을 고수하는 한 의사소통의 문제는 없어지지 않는다.

그 대신 **인간은 누구나 서로 다른 필터, 즉 스키마를 (무의식적으로) 가지고 있으며, 이를 바탕으로 의사소통할 수밖에 없다는 사실을 이해하는 것**이 중요하다.

의사소통은 쌍방향으로 이뤄지므로, 가능한 한 양쪽 모두 이 사실을 이해하는 것이 이상적이다. 다만 '인간은 서로를 이해하지 못하는 존재'라는, 어떻게 보면 체념에 가까운 생각을 공유하는 것 자체가 매우 어려운 일이다. 게다가 상대가 어린아이라면 '이상한 말을 하는 아이'라고만 여길 수도 있다. 따라서 인간관계에서는 연장자나 더 높은 위치에 있는 사람이 이를 더욱 명심해야 한다.

💬💬 스키마를 고려하며 지식을 공유한다

인간은 서로를 이해하지 못하는 존재임을 전제로 하면, 소통하는 방식도 자연스럽게 달라질 것이다. 서로 이해하지 못하는 존재들 사이의 의사소통에서 도움이 될 만한 힌트는, 일본 기업과 외국 기업을 비교해봄으로써 얻을 수 있다.

일본에서 나고 자라 미국의 대학원을 졸업한 후에 처음으로 근무한 직장이 미국 기업의 공장이었던 사람에게 들은 이야기다. 그가 근무했던 회사에서는 다양한 작업이 철저하게 매뉴얼로 작성

돼 있었는데, 내용 또한 매우 구체적이었다.

예를 들어 작업 순서가 올바른지 확인하는 매뉴얼은 다음과 같았다.

A-1의 계기의 숫자가 1.5~3.0 사이인지 확인한다.
↓
A-2의 레버가 '정지' 쪽에 가 있는지 확인한다.
↓
…

이렇게 세세한 부분까지 빈틈없이 구체적으로 문서화돼 있었다. 그런데 같은 분야의 일본 기업으로 이직했을 때는 이 모든 과정이 한 문장으로 축약돼 있어서 놀랐다고 한다.

A 기기가 정상적으로 작동하고 있는가?

일본의 업무 방식은 매뉴얼로 만들기는 쉽지만 매뉴얼에 따라 조작하기는 어려웠다. 반면 처음에 근무했던 미국 기업의 업무 방식은 모든 것이 언어화·문서화돼 있었다.

왜 그럴까? '다른 게 당연하다'는 것을 전제로 하기 때문이다. 사람마다 배경지식이 다르며, 암묵적인 이해란 없다는 생각에서 출발한 것이다.

그렇게 말하면 못 알아듣습니다

'상대방과 나의 스키마는 다르다'는 것을 전제로 하지 않아도 일이 원활하게 진행될 만큼 요즘 세상은 단순하지 않다. 스키마의 차이를 인정하지 않는 것은 '자신과 너무 다른 스키마를 가진 사람'을 배제하는 식으로 이어지기 쉽다.

지금까지 반복해서 '소통의 달인'이라는 표현을 사용해왔다. 이 표현을 보고 '주위 사람들을 자기 마음대로 조종하는 사람'을 떠올릴 수도 있을 것이다.

사실 '어떻게 해야 상대방이 행동하게 할 수 있는가', '상대방을 어떻게 수긍하게 만들 것인가', '상대방을 의욕적으로 만들려면 어떻게 해야 하는가'와 같이, 상대방을 통제하기 위한 기술을 알려달라는 요청도 자주 받는다.

이 책의 주제인 '말하면 전해지는 것'이 이뤄지면, 1만 가르쳐도 10을 이해하고 행동하는 부하 직원을 키울 수 있을 것이라고 기대하는 사람도 있을지 모른다.

그렇게 말하면 못 알아듣습니다

그러나 상대방에게 자신의 생각을 이해시키고 자신이 원하는 대로 행동하게 만들고 싶다는 바람은, 기본적으로 이 책에서 말하는 의사소통의 목표와는 다르다.

물론 자녀에게 '한 시간 동안 문제집을 풀면 게임하게 해줄게'라고 말하면, 마지못해 책상 앞에 한 시간 동안 앉아 있을 수도 있다. 하지만 부모와 자녀 사이에 깊은 의사소통이 이뤄졌다고 보기는 어렵다.

비즈니스 현장에서도 강요하거나 부추기는 방식을 사용하면, 그 상황에 한해서는 상대방의 행동을 통제할 수 있다. 의견이 대립하다가도 상대방의 마음을 돌려서 일시적으로 동의를 얻을 수도 있을 것이다.

이런 식의 의사소통은 결코 장기적으로 이어지지 않는다. 또한 이와 같은 의사소통에 의해서 자녀가 공부에 재미를 느끼거나, 동료가 의욕이 생기거나, 의견을 바꿔서 협조하게 되는 경우는, 전혀 없다고는 할 수 없지만 있더라도 아주 드물고 운이 좋은 경우라고 본다.

어느 한쪽이 '상대방을 내 뜻대로 움직이게 만들어야지'라고 생각하는 한, 진정한 의사소통은 일어나지 않는다. 소통의 달인은 상대방을 통제하려고 하지 않는다는 관점이 중요하다.

좋은 관계를 쌓는다

그렇다면 소통의 달인들은 어떻게 하고 있을까? 대기업에서 수십 명의 직원들을 통솔하는 T 부장에게 물어봤더니 '상대방과 좋은 관계를 구축하는 것', '상대방의 성장에 초점을 두고 조언하듯이 대하는 것'을 꼽았다.

먼저 '상대방과 좋은 관계를 구축하는 것'이란, 곧 의사소통의 바탕이 되는 신뢰관계를 형성하는 것을 의미한다.

T 부장이 알려준 구체적인 방법은 '나부터 내 이야기를 하는 것'이었다. 예를 들어 평소에 '우리집 고양이는…'으로 시작하는 이야기를 해두면, 부하 직원도 자신이 키우는 고양이나 강아지 이야기를 하기 쉬워진다. 그러다 보면 점점 '이런저런 이야기를 해도 괜찮구나'라고 생각하게 된다. 신입 사원이 갑자기 '제가 키우는 고양이는…'이라며 이야기를 시작할 수는 없으니 이런 분위기를 만드는 것은 상사의 몫이다.

최근에는 회식도 줄어드는 추세라, 상대가 어떤 사람인지 알기 어려운 경우도 있다. 그럴 때 상사와 부하 직원 사이에 업무 외 이야기를 나눌 수 있는 관계를 쌓는 것이 상사의 중요한 역할이다.

이런 관계를 형성할 수 있다면, 업무상 실수를 지적해야 하는 불편한 상황이 오더라도 업무 외의 대화를 통해 좋은 관계를 유지할

수 있다. 즉 업무 평가와는 별개로 사람 대 사람으로서 계속 연결될
수 있는 것이다.

아무리 일로 이어진 사이라고 해도, 업무 말고는 일절 교류가 없
는 상태에서는 상대방을 신뢰할 수 없다. 평소에 신뢰관계를 구축
해둔다면 통제 없이도 좋은 관계가 유지될 것이다.

💬💬 '업무와 사생활은 별개'라고 단정 짓지 않는다

여담이지만, T 부장은 상사가 먼저 자신을 개방해 얻을 수 있는
또 다른 효과로 '상대방의 사생활을 알 수 있는 것'을 꼽았다.

일은 일, 사생활은 사생활이라고 분리해 생각하는 사람도 많고,
회사 사람에게 사생활을 알리고 싶지 않은 사람도 있을 것이다.

하지만 부하 직원에게 어린 자녀가 있거나 부모를 간병하면서
회사를 다니는 경우에는, 근무 중에 갑자기 집으로 돌아가야 하는
일이 생길 수도 있다. 또는 7, 8월처럼 자녀의 방학 기간에는 재택
근무 위주로 일하는 편이 좋을 수도 있다. 각 개인의 상황을 알고
있기 때문에, 계절 이야기를 하다가 "아이는 벌써 방학했어? 힘들
겠네"라고 물어본다고 한다. 그때 상대방이 이야기를 하고 싶다면
대화는 계속 이어질 것이고, 이야기하고 싶지 않다면 "네, 힘들어
요" 정도로 대화가 끝날 것이다. 경험이 쌓이면 상대방이 대화하고

싶어 하는 주제를 알아낼 수 있다. 그렇게 상대방이 무엇을 중요하게 생각하는지, 어떤 일 때문에 힘들어하는지 공유할 수 있다면 좋을 것이다.

부하 직원은 회사원이기 이전에 한 사람의 인간으로서 자신만의 생활이 있다.

업무 공간에서 한 걸음만 벗어나도 새로운 주제로 즐겁게 대화할 수 있다. 사생활에 힘든 일이 있는 시기에는 업무를 조금 조정해줄 수도 있다. 이와 같은 관계가 심리적 안정감으로 이어져서, 서로를 기꺼이 돕는 직장이 만들어지는 것인지도 모른다.

💬💬 통제 없이 상대방을 움직이게 하는 방법 ②
상대방의 성장에 주목한다

통제하지 않으면서 상대방의 의욕을 불러일으키는 데는 '상대방의 성장에 초점을 두고 조언하듯이 대하는 것'이 도움이 된다.

인간은 누구나 성장하고 싶어 한다. 자신에게 그런 바람이 있음을 자각하지 못하더라도, 보람을 느낄 수 있는 더 중요한 일을 원하거나 목표를 달성해 다음 단계로 나아가기 원하는 것은, 우리에게 성장 욕구가 있다는 사실을 보여준다. T 부장은 '성장하고 싶다'는 바람에 주목하는 것이 중요하다고 알려줬다.

예를 들어 부하 직원에게 도전적인 업무를 준 뒤 진행하는 과정을 지켜보며 변화를 알아차리고 그것을 언급해주는 것이다. 이때 **상대방이 어떻게 성장하고 싶어 하는지, 무엇을 중시하는지 고려하는 것**이 중요하다. 이를 염두에 두면, 같은 이야기를 하거나 같은 업무를 배정하더라도 듣는 사람의 열정이 달라진다.

무엇을 중시하는지는 부서 간 차이를 고려하면 이해하기 쉽다.

당신은 영업팀이고, 상대방은 기술팀이라고 해보자. 기술자가 신제품의 기술적인 강점을 자세하게 설명해도, 영업팀으로서는 신제품을 사용할 고객들이 사용감에서 어떤 변화를 느낄지가 더 알고 싶을 것이다. 관심사의 차이를 서로 의식하지 못한다면, 상대방이 '기술에 대해서 이토록 이해하기 쉽게 설명했는데도 얼마나 대단한 건지 모르다니'라며 기분이 상해 있어도, 당신 입장에서는 '또 매출과 상관없는 데 매달리네…' 같은 태도를 취하기 쉽다.

기술팀은 영업팀이 중시하는 점을 생각하고, 영업팀은 기술팀이 중시하는 점을 생각한다. 그러면 서로가 중시하는 부분에서 일치하는 점을 발견하고 더 큰 목표를 향해 나아갈 수 있을 것이다.

일을 잘하는 사람은 '저 사람에게는 이렇게 말하면 이런 반응이 돌아올 거니까 이런 식으로 준비하자'는 흐름의 대화를 자주 한다. '업무의 8할은 준비'라는 말이 있는데, 그 준비에 '상대방'도 포함돼 있다는 사실을 기억해두기 바란다.

소통의 달인들의 네 번째 특징은 '이야기를 잘 듣는다'는 것이다. 이야기를 듣는 것은 최근 들어 중요한 비즈니스 기술로 주목받고 있다. 따라서 '일단 이야기를 잘 들어야지'라고 다짐하는 사람이 많을 것이다.

아무리 그렇게 마음먹더라도 대부분의 사람들이 듣기 어려워하는 이야기가 있다.

바로 '듣기 불편한 이야기', '자신에게 불리한 이야기'다.

누구나 마음속엔 '되도록 좋은 이야기만 듣고 싶다'는 바람이 있다. 하지만 현실은 그렇지 않다. 오히려 상사라는 자리에 있으면 안 좋은 일만 보고받는 기분이 들기도 할 것이다. 물론 실제로는 좋은 일도 많이 보고받겠지만, 느낌은 꼭 안 좋은 일만 보고받는 것처럼 여겨진다. 이 역시 우리가 가지기 쉬운 편향 중 하나다.

이럴 때 많은 사람들이 무의식적으로 '이야기를 듣고 싶어 하지 않는 분위기'를 조성한다.

이제 안 좋은 일을 보고해야 하는 사람의 입장을 생각해보자. 안 좋은 이야기는 가능한 한 꺼내고 싶지 않은 게 인간의 자연스러운 마음이다. 그렇다고 안 할 수는 없어 어렵게 말을 꺼냈더니 상사가 이야기를 듣고 싶어 하지 않는 분위기를 조성한다면, 얼른 이야기를 끝내고 싶어지는 게 당연하다.

이렇게 **양쪽의 감정이 태도에 영향을 줘, 원래는 공유돼야 하는 중요한 정보가 충분히 전달되지 않거나 형식적인 보고로 그치고 만다.** 그러면 이후에 '그때 말씀드렸습니다', '아니, 그런 이야기 못 들었어' 하는 언쟁이 일어날 수도 있다. 일본 기업에서 조작이나 분식 같은 불상사가 끊이지 않는 것도 이와 같은 분위기가 일조하는 것일지도 모른다.

그런 사태를 방지하기 위해서도, 어떤 이야기든 들을 준비가 돼 있는 것은 매우 중요한 자세다.

🔖 긍정적인 피드백으로
예측 불가능한 사태를 방지한다

'어떤 상황에서든 이야기를 잘 들어야지'라고 다짐해도, 상사도 인간인 이상 자신에게 불리한 이야기를 들을 때 '싫다'는 감정이 드는 것은 어느 정도 어쩔 수 없는 일이다. 우리의 생각과 행동은 감정과 떼려야 뗄 수 없는 관계라는 사실은 지금까지 거듭 이야기해왔다. 그렇다 보니 듣고 싶지 않은 이야기를 듣는 순간 자신도 모르게 얼굴을 찌푸리고 마는 등의 반응은 누구나 보일 수 있다.

그런데 그 짧은 순간이 상대방에게 미치는 영향은 매우 크다. '선생님이 주의를 줬다'는 사실이 '선생님이 언성을 높이며 혼을 냈다'는 기억으로 바뀌듯이, 부정적인 감정을 느끼는 상태에서는 상대방의 사소한 행동이 부정적으로 각색된다. 그리고 각색을 포함한 기억이 진짜 일어난 일인 것처럼 기억될 우려도 있다.

부하 직원이 실수를 보고할 때는 이미 부정적인 감정이 존재한다. 그러므로 상사는 자신의 태도에 평소보다 더 주의를 기울여야 한다.

무의식적인 표정 변화조차 상대방에게 영향을 주기 때문에, 상사는 **'안 좋은 일을 보고받은 때일수록 직원을 칭찬하며 고맙다고 전한다'**는 정도로 배려할 필요가 있다.

"리스크를 초기에 알려줘서 빠르게 손쓸 수 있었어."

"자네 보고 덕분에 어떻게든 되돌릴 수 있었다네. 고마워."

부하 직원의 보고·연락·의논(특히 부정적인 경우)에 대해 긍정적인 피드백을 계속 주다 보면, '실수를 보고했더니 칭찬받았다'는 이야기가 직원들 사이에 퍼질 것이다. 그렇게 되면 선순환이 일어나기 시작한다.

실수 보고에 진입 장벽이 낮아져서 부하 직원은 사소한 실수까지도 보고하게 된다. 돌이킬 수 없는 지경이 되기 전에, 모두가 당신에게 보고한다. 이런 순환을 만들 수 있다면 비즈니스 현장 파악이 놀라울 정도로 쉬워질 것이다.

5장

비즈니스의
전문가로 거듭나기 위해

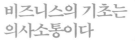
예전에 《언어·신체·학습: '잘할 수 있게 된다'는 것은 어떤 의미인가》(ことば, 身体, 学び「できるようになる」とはどういうことか)의 출간 기념 이벤트로, 400미터 허들 종목의 일본 신기록 보유자이자 나와 함께 이 책을 쓴 다메스에 다이와 대담회를 열었다. 질의응답 시간에 '성인의 재교육reskilling'에 대한 이야기가 나왔는데, 그는 **'기술보다 기초**fundamental**가 중요하다'**고 강조했다.

육상 종목 중에는 100미터 달리기, 1,500미터 달리기처럼 '달리는 속도'를 겨루는 경기가 많다. 선수들은 어떻게 하면 빨리 달릴 수 있는지, 어떤 방식으로 달리는 게 자신에게 잘 맞는지, 어떤 기술을 훈련하는 것을 목표로 할지 시행착오를 통해 알아낸다.

그런데 스포츠에서 빠르게 달리기가 필요한 종목은 육상뿐만이 아니다. 빠르게 달리는 것이 유리한 스포츠는 많다. 야구, 농구, 축구, 럭비 등 많은 스포츠에서 발이 빠른 것은 무기가 된다.

그런 의미에서 달리기란 기초이며, 기초가 튼튼하다면 어떤 시대에도 대응할 수 있다는 이야기였다.

그렇다면 비즈니스 영역에서 기초에 해당하는 것은 무엇일까?

이 질문에 대해 고민해봤을 때, 이 책의 주제인 '의사소통'이야말로 기초라는 생각이 들었다. 영업직처럼 의사소통이 업무의 중심이 되는 직종은 말할 것도 없고, 주변 사람들과 관계를 맺는 모든 직종에서 의사소통은 그 사람의 무기가 된다.

자신에게 부족한 부분이 있거나 관점이 편향됐을 때, 또는 함정에 빠졌을 때도 소통을 잘할 수 있다면 건설적이고 긍정적인 논의로 타협점을 찾을 수 있다.

가령 의견이 대립되더라도 분위기가 험악해지거나 상대방의 말꼬리를 잡는 일 없이 업무를 진행할 수 있을 것이다.

소통을 못하는 사람은 비즈니스에서 전문가가 아니라고 봐도 될 정도로, 의사소통은 비즈니스를 할 때 매우 중요한 기초가 된다.

한편 이 책은 의사소통을 주제로 하고 있지만, '의사소통을 잘하는 것' 자체가 목적이 아닌 독자도 있을 것이다.

그렇게 말하면 못 알아듣습니다

‘업무를 원활하게 진행하고 싶다’, ‘프로젝트를 성공시키고 싶다’, ‘실적을 늘리고 싶다’, ‘팀의 결속을 다지고 싶다’ 같은 다양한 목적을 달성하는 수단으로 의사소통을 바라보는 사람도 있을 것이다.

말해도 전해지지 않고 이야기해도 알아듣지 못하는 현상을 극복해 의사소통을 잘 해냄으로써 비즈니스의 전문가가 되려면 어떻게 해야 할까?

마지막 장에서는 의사소통이라는 범위를 벗어나 비즈니스의 전문가에게 요구되는 능력에 대해 생각해보겠다.

비즈니스에서는 무언가를 판단하거나 결정해야 할 때가 많다. 뛰어난 판단력과 결단력은 전문가로 성장하기 위해 필수적인 능력이다. 그렇다면 우리는 어떤 식으로 결정을 내리고 있을까?

〈설리: 허드슨 강의 기적〉이라는 영화를 알고 있는가? 2009년 1월에 실제로 발생한 비행기 사고를 바탕으로 한 영화로, 톰 행크스가 기장인 체슬리 설렌버거를 연기했다.

비행기가 이륙한 직후에 들새 무리가 기체에 부딪혀 좌우 날개에 설치된 엔진이 모두 멈췄는데, 기장인 설렌버거가 재빠르게 뉴욕의 허드슨 강 위에 불시착하기로 결정해 승객과 승무원 모두가 목숨을 건진 역사에 남을 사건이다.

사고가 일어났을 때 기장은 '이륙했던 라과디아 공항이나 가까이에 있는 테터보로 공항에 비상 착륙한다'는 일반적인 선택지를 피하고, 자신의 직감에 따라 허드슨 강 위에 비상 착륙했다. 기체가 충격을 받은 지 고작 208초 만에 일어난 일이었다.

나중에 사고조사위원회의 전문가들은 그 결단에 의문을 제기했다. 컴퓨터로 시뮬레이션해본 결과 공항에 착륙해도 되는 상황이었기 때문이다. 그렇게 했더라면 굳이 위험을 무릅쓰고 1월의 추운 날씨에 강 위에 비상 착륙할 필요가 없었다는 게 그들의 주장이었다.

이런 비판에 대해 기장은 위원회의 시뮬레이션은 긴급 사태에 처한 인간이 상황을 파악하는 데 필요한 시간, 의견 대립에 의한 갈등, 판단 과정을 고려하지 않은 것이라고 지적했다. 그 후 사고에 맞닥뜨린 기장과 관제사가 논의한 시간을 '35초'로 두고 다시 시뮬레이션을 해보자, 컴퓨터도 긴급 착륙을 시도했고 그 결과 시가지나 숲으로 추락하는 결말로 이어졌다.

기장은 과거 공군 소속의 숙련된 파일럿이었고, 전투기 '팬텀'을 조종한 경험이 있었으며, 그 뒤 민간 항공사의 파일럿으로 오랫동안 일해온 초일류 파일럿이었다. 누구도 예측할 수 없었던 전례 없는 위기 상황에서 100명이 넘는 승객과 승무원 전원의 목숨을 지킨 '기적'을 가능하게 한 것은, 방대한 데이터를 바탕으로 한 시뮬레이션이 아니라 기장의 '직감'이었다.

설렌버거 기장이 직감을 통해 많은 사람의 목숨을 구해냈듯이, **한 분야의 일류로 불리는 사람, 즉 달인은 아주 뛰어난 직감을 가지고 있다.**

🗨🗨 탁월한 직감이 업무에 미치는 영향

뛰어난 직감은 업무 능력을 향상시키는 데도 매우 중요한 역할을 한다.

두꺼운 서류 뭉치를 대강 훑어봤을 때 '이 숫자가 맞는지 확인해야 해'라는 생각이 직감적으로 떠오를 때가 있는가? 한정된 시간 동안 방대한 양의 서류에 담긴 내용을 빠짐없이 확인하는 건 인간에게는 불가능한 일이다. 이때 경험이 풍부한, 이른바 '일 잘하는 사람'이 '이 내용은 잘못된 거 아닐까?', '이 숫자는 확인해봐야 하지 않을까?'라고 직감적으로 아는 것은 평소 업무 경험을 통해 직감을 단련했기 때문이다.

의사소통에서 문제가 생겼을 때 '저 사람이 그런 말을 할 리가

그렇게 말하면 못 알아듣습니다

없어', '무언가 의도한 바가 있어서 그런 말을 한 게 아닐까?'라고 직감적으로 이해할 수 있는 것도, 그 사람과의 대화를 통해 직감을 키웠기 때문이라고 볼 수 있다.

💬 직감을 기르는 법

전례 없는 비행기 사고를 당하고도 승객과 승무원 전원의 목숨을 구한 체슬리 설렌버거 기장은 사고 후에 '허드슨 강의 기적을 일으킨 영웅'으로 전 세계에서 칭송받으며 버락 오바마 대통령의 취임식에도 초대됐다.

여기서 다시 한번 두 가지 사고 유형인 '시스템 1' 사고와 '시스템 2' 사고에 대해 3장에서 설명한 내용을 떠올려보자.

시스템 1 사고는 부정확하지만 재빠르고 효율적인 것이고, 시스템 2 사고는 메타인지를 작동시켜 시간을 들여서 심사숙고하는 것이다. 설렌버거 기장의 직감적인 판단은 어디에 해당할까? 시스템 2라고 보기에는 너무나도 빠르게 내려진 결정이었다. 심사숙고할 만큼 충분한 시간이 주어지지 않은 상태에서 훌륭한 판단을 내린 것이다.

깊이 생각할 만큼 충분한 시간이 없는 상태에서 중요한 판단을 내려야 하는 상황은 스포츠 경기 중에 늘 발생한다. 축구 경기에서 공을 받았을 때 누구에게 패스할지 신중하게 생각할 시간은 없다. 비즈니스에서도 단시간에 최적의 판단을 내려야 하는 경우가 자주 발생한다.

'시간이 없을 때' 좋은 판단을 내리기 위해 직감을 작동하는 것, 이게 바로 달인의 방식이다.

그렇다면 직감은 어디에서 생기는 것일까? 어떻게 하면 단련할 수 있을까?

설렌버거 기장은 "이것은 기적이 아니라 긴급 사태에 대비해 늘 훈련을 거듭해온 결과다"라고 말했다. 단순한 겸손의 표현이 아니라 핵심을 꿰뚫은 자기 분석이다. 전문가의 인지를 연구하는 분야의 권위자인 미국 플로리다주립대학교의 안데르스 에릭슨의 연구를 비롯한 방대한 양의 인지과학 연구 결과와 정확히 일치하는 내용이다.

촌각을 다투는 긴박한 상황에서 직감이 발동해 올바른 판단을 내릴 수 있었던 것은, 다양한 위험을 가정한 훈련을 반복함으로써 몸에 완전히 익었기에 가능한 일이었다.

하늘에서 뚝 떨어지는 것이 아니다

2024년 1월에 하네다 공항에서 엄청난 비행기 사고가 일어났다. 해상보안청의 항공기에 타고 있던 5명이 사망한 것은 너무나도 슬픈 일이지만, 일본항공의 승객과 승무원 379명 전원이 화재가 발생한 비행기에서 18분 만에 탈출했다는 사실은 전 세계의 주목을 받았다.

'하네다 공항의 기적'이 가능했던 배경에도 기장과 승무원들의 반복 훈련과 이를 바탕으로 한 직감이 있었을 것이다.

이런 에피소드에서 알 수 있는 것은 **'직감'이란 하늘에서 저절로 떨어지는 것이 아니라는 점이다. 직감을 키우기 위해서 꾸준히 노력하다 보면 비로소 얻게 된다.** 직감이 생길 때까지는 답답한 마음으로 '이것도 아니고, 저것도 아니다'라며 고민하는 날들이 계속된다. 어떤 분야에서든 직감이 딱 맞는 경지에 오르기까지는 매우 긴 시간이 필요하다.

직감을 단련한 극소수만이 얻을 수 있는 경지

직감을 얻는 것은 쉬운 일이 아니다.

에릭슨 교수는 '전문가의 직감'을 키우려면, 장기간에 걸친 신중

하고 집중적인 훈련인 '의식적인 연습 deliberate practice'이 필요하다고 했다. 사실 인간의 기본적인 사고는 시스템 1, 즉 직감적 사고다. 훈련하지 않으면 정확도가 낮아서 그렇게 뛰어나지는 않은 수준이다.

메타인지를 작동해 스스로를 돌아보고, 자신에게 주어진 과제를 분석하고 해결하며, 자신의 성장에 도움이 되는 훈련이 무엇인지 고민하는 것.

이런 '신중하고 집중적인 훈련'이야말로 시스템 2를 훈련하는 것이다. 목표는 1만 시간. 시스템 2에 의한 집중적인 훈련을 장기간 시행하면 자연스럽게 지식이 체화되고 의식하지 않아도 머리와 몸이 연동한다. 이것이 바로 **'전문가의 직감'**의 정체.

바꿔 말하면 **'빠르지만 정확도가 낮은 사고'인 시스템 1을, 시스템 2를 통해 장기간 훈련시켜 '빠르고 정확도도 높은 최적의 판단을 내릴 수 있는 사고'로 바꾸는 것은 전문가가 되기 위해 필요한 과정**이다.

직감을 갈고닦은 후에 극소수의 사람만이 '대국관大局觀(사물 전체에 대해 정확한 형세를 판단하는 능력-옮긴이)'이라는 감각을 얻게 될 것이다.

대국관이란 경험을 통해 만들어진 궁극의 스키마다. 전문 분야에 대한 공부만 하거나, 겉핥기 수준으로만 지식을 접하거나, 전체를 바라보기만 해서는 얻을 수 없다.

발산하는 동시에 수렴하고, 수렴하는 동시에 발산한다. '구체'와 '추상'을 오간다는 자세가 중요하다.

📢📢 AI가 인간의 직감을 빼앗는다?

최고의 전문가, 달인만이 가질 수 있는 '뛰어난 직감'은 지금 위기에 처해 있다. 바로 생성형 AI의 등장 때문이다. 생성형 AI는 잘못 사용하면 인간이 직감을 키울 수 있는 기회를 빼앗게 될지도 모른다.

앞서 설명했듯이, 챗GPT를 비롯한 생성형 AI는 질문자에게 종종 잘못된 답변을 정답인 양 내놓는다.

그 이유는 AI가 의미를 이해하지 못하기 때문이다(이와 관련된 내용을 〈닛케이 비즈니스 전자판〉의 칼럼에서 자세히 다뤘으므로 참고하면 좋을 것이다).

나아가 생성형 AI는 부분적으로 내놓은 답변을 논리적으로 통합해 결론을 도출해내는 데 약하다. 생성형 AI는 논리적이지 않고 모순된 내용이라도 그럴듯하게, 자신 있어 보이도록 유창하게 단언해 제시한다.

그렇다. 생성형 AI는 애초에 인간과 같은 방식으로 생각하지 않는다.

　AI가 내놓은 답변에는 의미도 직감도 존재하지 않으며, 그저 언어라는 기호 사이를 이리저리 떠돌아다니는 것에 불과하다. 즉 생성형 AI는 인간처럼 답하고는 있지만, 답을 하는 과정은 인간의 사고 과정과 완전히 다르다.

　한편 2장에서 설명했듯이, 인간에게는 '유창성 편향'이 있다. 상대방이 유창하게 이야기하면 내용에 깊이가 없고 때로는 틀린 것이라도 신뢰하게 되는 편향이다.

　내용이 맞든 틀리든 매끄럽게 말을 이어가는 것이 생성형 AI의 특징이다. 이 특징이야말로 인간에게 가장 위험한 판단 실수를 초래할지도 모른다.

　물론 생성형 AI는 매우 편리한 도구이므로 인간이 잘 활용할 수만 있다면 우리의 일상생활은 더더욱 편리하고 효율적으로 바뀔 것이다.

　다만 살아 있는 지식, 직감을 얻고 싶다면 주의해서 사용해야 한다. 앞서 말했듯 **생성형 AI가 답변을 하는 과정은 인간과 전혀 다르기 때문에, 아무리 이것을 사용해도 대국관이나 살아 있는 지식, 직감을 습득할 수는 없기 때문**이다.

　사용자인 인간이 주의를 기울이지 않으면 인터넷 서핑 이상의 의미 없이, 그저 언어라는 기호의 바다를 떠돌아다닌 경험에 그치

　　　　　　　　그렇게 말하면 못 알아듣습니다

고 말 것이다.

AI가 발전해나가는 가운데, 우리는 AI가 대체할 수 없는, 인간에게만 있는 능력을 갈고닦아야 한다. 그것이 바로 살아 있는 지식, 그리고 직감이다.

배움이란 이런 능력을 키워가는 것과 같다. 인간인 우리는 이 사실을 명심해야 한다.

여기까지 책을 읽은 독자라면 성장하고 싶고 나아지고 싶다는 열망이 강한 사람이리라 예상한다. 이 마음은 일을 하는 데 있어서, 나아가 살아가는 데 있어서 매우 중요하다.

강한 열망을 유지할 수 있는 것도 하나의 소중한 능력이다. '내일은 오늘보다 더 나은 사람이 되고 싶다', '지금 하는 일보다 더 중요한 일을 하고 싶다'라고 생각할 수 있는 것 자체가 재능이다.

이 책에서는 '말하면 전해지고 이야기하면 알아듣는 것'과 관련해, 인간의 인지와 기억의 구조를 폭넓게 다뤘다. 또한 직감에 대해 고찰하고, 실패의 의미를 살펴보는 것에도 지면을 할애했다. 일상생활에서 인간의 인지 능력이 어떻게 작동하는지도 어느 정도 이해하게 됐을 것이다.

나 역시 책을 마무리하는 지금, 서로를 이해하는 것이 얼마나 어려운 일인지 다시 한번 느끼고 있다. 세상에 이렇게나 많은 대립이 발생하는 데는 이유가 있을 것이다.

이 세상을 살아간다는 것은, 자신의 심지를 지키면서 다른 스키마를 가진 사람들의 입장과 사고방식을 이해하고 타협하며 살아간다는 뜻이다. 나와 상대방이 모두 가지고 있는 인지 편향을 주의하면서, 단편적인 관점이 아니라 다양한 관점에서 대상을 평가하고 판단하는 것. 자신이 속한 집단의 가치관을 한 걸음 물러나서 바라보는 것. 메타인지를 제대로 작동시키기 위해 노력하는 것. 그러면서도 자신의 심지를 굳게 지키는 것.

이렇게 사는 것은 결코 쉬운 길이 아니며, 어떤 삶인지 분명하게 와닿지 않고 막연하게만 느껴질지도 모른다.

그럴 때는 이와 반대되는 삶의 방식을 상상해보면 이해하는 데 도움이 될 것이다.

굳은 심지라는 게 없고, 다양한 입장의 사람들을 허용하지 않으며, 자신의 생각에만 의존해 대상을 판단하고, 소속된 집단의 가치관이 옳다고 믿으며 발언하는 것. 이 모습을 당신 주변이나 언론을 통해서 발견할 수 있을지도 모른다.

자신만의 확신에 사로잡힌 삶의 방식이 편한 것은 사실이다.

상대방의 의도를 헤아릴 일도, 정보를 찾아볼 일도, 지식이나 교양을 쌓을 일도, 자신을 객관적으로 바라볼 일도 없기 때문이다. 자신을 되돌아보고 스스로를 비판하며 상처받을 일도 없다. 자신의 생각이 맞고, 정보는 자기 마음대로 해석하면 되기 때문이다.

자신의 인지 편향에 매몰돼 기분 좋은 일만 있는 곳에서 살아가는 건 매우 편안한 삶의 방식이기도 하다.

이토록 쉬운 길이 있는데도 그 길을 선택하지 않은 당신은, 앞으로 하루하루를 탐구하면서 살아가게 될 것이다. 어떤 문제가 생기면 상대방의 입장과 신념에 대해 생각해보고, 이와 관련된 내용을 공부하고, 자신의 편견을 직시하고, 그 배경을 살펴볼 것이다. 많은 것들을 도마 위에 올려놓고 머리를 싸매며 자기 나름대로 결론을 만들어갈 것이다.

자신과는 너무 다른 사람에 대해서도 '허용할 수 없다'며 딱 자르거나 '사람은 저마다 다르지'라며 논외로 두는 것이 아니라 '그렇게 생각할 수도 있구나', '그렇게 이해할 수도 있겠네'라며 건설적으로 맞춰나갈 것이다.

살아가는 것이 만만치 않은 세상이다.

자신의 일, 가족의 일, 회사의 일, 사회의 일…. 생각해야만 하는 것들이 아주 많다. 그렇게 바쁜 와중에 인간의 인지에 대해서 알아보기 위해 이 책을 읽고, 새롭게 배운 것을 바탕으로 무언가를 더 깊이 생각해보고자 하는 당신 앞에는 끝이 보이지 않는 길이 뻗어 있을 것이다. 결코 쉬운 길은 아닐 테지만, 그 탐구의 여정이 더 나은 삶으로 이어지기를 진심으로 바란다.

옮긴이 이정현

대학에서 심리학을 공부했고 졸업 후에 편집자로 일했으며 현재 바른번역 소속 번역가로
활동 중이다. 옮긴 책으로는 《아주 짧은 집중의 힘》, 《일 잘하는 사람들은 숫자에 강합니
다》, 《뇌과학자가 알려주는 하고 싶은 일 찾는 법》, 《써드 씽킹》, 《생물학적으로 어쩔 수가
없다》, 《알아두면 득이 되는 생활 속 통계학》, 《우리는 행동경제학에 진심》, 《평생 써먹는
수학 용어집》, 《평범한 수학, 별의별 해답》, 《단숨에 이해하는 수학 공식 사전》, 《처음부터
생명과학이 이렇게 쉬웠다면》, 《그 고민, 우리라면 수학으로 해결합니다!》, 《원소의 구조》,
《오늘만큼은 나를 위해》가 있다.

그렇게 말하면 못 알아듣습니다

초판 1쇄 인쇄 2025년 5월 7일 | 초판 1쇄 발행 2025년 5월 20일

지은이 이마이 무쓰미 | 옮긴이 이정현

펴낸이 신광수
출판사업본부장 강윤구 | 출판개발실장 위귀영
단행본팀 김혜연, 정혜리, 조기준, 조문채
출판디자인팀 최진아, 당승근 | 출판기획팀 정승재, 김마이, 이아람, 전지현
출판사업팀 이용복, 민현기, 우광일, 김선영, 이강원, 신지애, 허성배, 정유, 정슬기, 정재욱, 박세화,
　　　　　 김종민, 정영묵
출판지원파트 이형배, 이주연, 이우성, 전효정, 장현우

펴낸곳 (주)미래엔 | 등록 1950년 11월 1일(제16-67호)
주소 06532 서울특별시 서초구 신반포로 321
미래엔 고객센터 1800-8890
이메일 bookfolio@mirae-n.com
홈페이지 www.mirae-n.com

ISBN 979-11-7347-611-2 03190

와이즈베리는 참신한 시각, 독창적인 아이디어를 환영합니다.
기획 취지와 개요, 연락처를 bookfolio@mirae-n.com으로 보내주십시오.
와이즈베리와 함께 새로운 문화를 창조할 여러분의 많은 투고를 기다립니다.